BIBLIOTHÈQUE MORALE

DE

LA JEUNESSE

PUBLIÉE

AVEC APPROBATION

2e SÉRIE IN-8°

LE LIVRE

DE

LA NATURE

OU

RECUEIL DES MERVEILLES DU MONDE

A L'USAGE DE LA JEUNESSE

PAR M. L'ABBÉ JOUVENT

ROUEN
MÉGARD ET Cie, LIBRAIRES-EDITEURS
1875

APPROBATION.

—

Les Ouvrages composant la **Bibliothèque morale de la Jeunesse** ont été revus et ADMIS par un Comité d'Ecclésiastiques nommé par SON ÉMINENCE MONSEIGNEUR LE CARDINAL-ARCHEVÊQUE DE ROUEN.

Avis des Éditeurs.

Les Éditeurs de la **Bibliothèque morale de la Jeunesse** ont pris tout à fait au sérieux le titre qu'ils ont choisi pour le donner à cette collection de bons livres. Ils regardent comme une obligation rigoureuse de ne rien négliger pour le justifier dans toute sa signification et toute son étendue.

Aucun livre ne sortira de leurs presses, pour entrer dans cette collection, qu'il n'ait été au préalable lu et examiné attentivement, non-seulement par les Éditeurs, mais encore par les personnes les plus compétentes et les plus éclairées. Pour cet examen, ils auront recours particulièrement à des Ecclésiastiques. C'est à eux, avant tout, qu'est confié le salut de l'Enfance, et, plus que qui que ce soit, ils sont capables de découvrir ce qui, le moins du monde, pourrait offrir quelque danger dans les publications destinées spécialement à la Jeunesse chrétienne.

Aussi tous les Ouvrages composant la **Bibliothèque morale de la Jeunesse** sont-ils revus et approuvés par un Comité d'Ecclésiastiques nommé à cet effet par Son Éminence Monseigneur le Cardinal-Archevêque de Rouen. C'est assez dire que les écoles et les familles chrétiennes trouveront dans notre collection toutes les garanties désirables, et que nous ferons tout pour justifier et accroître la confiance dont elle est déjà l'objet.

INTRODUCTION.

Qu'il est beau, qu'il est touchant le spectacle qu'offre à l'œil observateur le grand livre de la nature! Il n'en est pas de plus instructif, de plus moral, de plus divin. Cette voûte azurée des cieux; ces myriades de mondes qui se jouent dans l'immensité des espaces; cette végétation qui étend ses rameaux, son feuillage enchanteur, vers le ciel, comme pour en faire hommage à celui dont elle tire toute sa vie; ces nuées d'oiseaux qui nous récréent par la beauté de leur plumage et l'harmonie de leur chant; ces fleurs aux mille couleurs qui émaillent nos campagnes; enfin ces innombrables merveilles de la création, quoi de plus propre à impressionner l'âme, à la pénétrer de pensées grandes et sublimes? Pourquoi faut-il que, par l'habitude où nous sommes d'en jouir, nous demeurions impassibles en présence des grandes et belles choses que Dieu a faites pour nous? Pourquoi faut-il que trop souvent nous ressemblions à l'animal stupide qui broute l'herbe, sans penser à celui qui l'a fait croître? Quel n'est pas le crime et le malheur de ces hommes tellement absorbés par les jouissances matérielles, qu'ils ne peuvent ou ne veulent plus goûter les choses de Dieu!

Augustin, travaillé par la grâce et retenu par les liens des passions, entend une voix qui lui dit: *Prenez et lisez.* Augustin regarde autour de lui; il aperçoit un livre, le prend, le lit, et il est à jamais rendu à Dieu et à la vertu. Chers enfants, je viens mettre sous vos yeux les plus belles pages du livre divin de la nature. Lisez-les, méditez-les, elles parleront et à votre esprit et à votre cœur; point de lecture plus intéressante et plus profitable. C'est un tissu de merveilles que le monde visible dont nous faisons partie. Depuis le grain de poussière que le vent emporte jusqu'aux globes immenses du firmament; depuis l'humble violette jusqu'au cèdre du Liban; depuis l'insecte que nous foulons aux pieds, jusqu'aux animaux monstrueux qui se meuvent sur la terre ou dans les gouffres de l'océan, partout un art divin, des harmonies ravissantes; partout une source féconde de suaves émotions, d'instructions salutaires! Oh! en présence des adorables perfections de Dieu, gravées en caractères si éclatants dans le grand ouvrage de la création, devrait-il y avoir un seul athée, un seul impie, un seul indifférent dans le monde?

Chers enfants, lisez ces pages écrites pour vous; vous y apprendrez ce que trop souvent nous semblons ignorer, que la création tout entière est l'ouvrage du Seigneur; que toutes les richesses de la nature sont un présent de la bonté divine; que c'est Dieu qui est le principe, la vie et l'âme de l'univers; que c'est Dieu qui fait paraître chaque jour sur notre horizon ce bel astre qui éclaire, échauffe, embellit la terre; que c'est Dieu qui ordonne aux nuages de nous apporter ces douces rosées, ces pluies bienfaisantes qui fertilisent nos campagnes. *L'homme cultive, plante, arrose; mais c'est Dieu qui donne l'accroissement.* Vous apprendrez avec admiration, dans ce livre divin, que si toute la création émane de Dieu, tout entière elle se rapporte à nous; vous verrez que l'homme est dans l'univers comme un roi sur son trône, comme un maître dans son domaine; que le ciel avec ses astres étincelants, la terre avec ses riches productions, la mer avec ses innombrables habitants, concourent à nos besoins et à nos plaisirs; que l'homme est le centre du monde entier. Vous y apprendrez surtout que l'homme doit jouir de l'univers, non en bête, mais en chrétien; qu'il doit surnaturaliser toutes ses jouissances, en les faisant servir par l'amour et la reconnaissance à la gloire du Créateur; c'est-à-dire qu'en cueillant les fleurs embaumées de nos parterres, en savourant les fruits délicieux de nos vergers, en ramassant cette riche moisson qui dore nos coteaux, qu'en jouissant des plaisirs de la table, des douceurs du repos, nous devons élever nos esprits et nos cœurs vers notre Père céleste, admirer, bénir cette aimable Providence qui veille sur nous avec plus de sollicitude et de tendresse qu'une mère sur le berceau de son nouveau-né.

Ces considérations aussi agréables qu'utiles aideront puissamment l'œuvre de votre amélioration intellectuelle et morale. Oh ! n'est-ce pas à l'école de la nature que le Saint-Esprit nous envoie souvent pour y prendre des leçons de haute sagesse ? En effet, il n'est pas une vérité, pas une vertu, pas un devoir que l'homme attentif ne découvre dans la méditation des merveilles de l'univers.

Heureux donc l'homme qui sait lire dans ce livre et qui en a l'intelligence ! Une incessante harmonie frappe son oreille et ravit son cœur ! Heureux l'homme qui, comme les Paul, les Antoine, les Pacôme dans leur solitude, sans cesse en contemplation devant le grand livre de la nature, s'accoutume à voir, à bénir Dieu dans ses ouvrages ! Cet homme, pénétré de la pensée éminemment salutaire de la présence de Dieu, sera nécessairement juste et bon; son cœur sera pur, sa main libérale, sa vie sainte, son visage serein, sa mort tranquille et son éternité glorieuse.

LE LIVRE

DE LA NATURE.

CRÉATION.

—

Au commencement Dieu créa le ciel et la terre. Dieu, être éternel, infini, tout-puissant, créateur, source féconde de toutes les choses visibles et invisibles. Vérité de foi et de raison ; vérité fondamentale qu'on ne peut abandonner sans tomber dans l'absurde. Que de monstrueuses et funestes erreurs, que d'absurdités n'ont pas avancées ceux qui ont voulu expliquer l'existence du monde, la formation des créatures, sans le secours de l'Etre divin !

Il fut donc un temps où rien de ce que nous voyons n'existait ; nous n'existions pas nous-mêmes. Il n'y avait ni ciel, ni terre, ni soleil, ni montagnes, ni rivières, ni mer, ni animaux, ni hommes. Dieu, qui existait seul, et qui existait de toute éternité, résolut de créer toutes choses. Mais comment fera-t-il ? Où prendra-t-il des éléments pour former ce magnifique univers ? Quand l'homme veut bâtir une maison, il lui faut des pierres, du bois, du fer ; la première cabane serait encore à construire, si l'homme avait dû en créer les matériaux. Mais Dieu est bien autrement puissant. *Il dit, et tout fut fait ;* car celui qui peut tout, opère ce qu'il veut en parlant.

« Le roi, dit Bossuet, ordonne qu'on marche, et l'armée marche ; qu'on fasse telle évolution, et elle se fait ; toute une armée se remue au seul commandement du prince, c'est-à-dire à un seul petit mouvement de ses lèvres. C'est parmi les choses humaines l'image la plus excellente de la puissance de Dieu ; mais au fond, que cette image est défectueuse ! Dieu n'a point de lèvres à remuer ; Dieu ne frappe point l'air avec une langue pour en tirer quelque son ; Dieu n'a qu'à vouloir en lui-même, et tout ce qu'il veut éternellement s'accomplit comme il l'a voulu, et au temps qu'il a marqué. Il dit : Que la lumière soit, et elle fut ; qu'il y ait un firmament, et il y en eut un ; que les eaux s'assemblent, et elles furent assemblées ; qu'il s'allume deux grands luminaires, et ils s'allumèrent ; qu'il sorte des animaux, et il en sortit ; et ainsi du reste. *Il a dit, et les choses ont été faites ; il a commandé, et elles ont été créées ;* rien ne résiste à sa voix, et l'ombre ne suit pas plus vite le corps que tout ne suit le commandement du Créateur. »

Pour connaître combien fut puissante et féconde la parole qui créa l'univers, recueillons-nous, et, nous transportant en esprit au moment de la création, écoutons-en le récit avec les mêmes sentiments d'admiration dont nous aurions été touchés, si nous avions été présents à ce grand ouvrage, et que nous eussions vu, à chaque parole du Créateur, sortir du néant cette foule de créatures si diversifiées et si parfaites. Devant nos yeux va se dérouler un livre magnifique, le premier dans lequel Dieu veut que les enfants des hommes lisent son existence, sa gloire, sa puissance, sa bonté et toutes ses perfections. Ce livre admirable, Dieu l'écrivit en six jours, il y a environ six mille ans. Dieu ne voulut pas créer le monde en un instant et d'un seul coup, mais successivement, afin de nous apprendre qu'il est libre d'agir comme il lui plaît.

La matière qui compose les êtres physiques n'était au moment de la création qu'une masse informe et confuse, ordinairement appelée chaos. *La terre était nue*, c'est-à-dire sans ornements, sans hommes, sans animaux; en un mot, privée de tout ce qui peut embellir un pays. Dieu n'a pas voulu créer la terre avec sa magnifique parure, quoiqu'il le pût avec une égale facilité, afin que l'homme ne regardât pas la terre comme riche et féconde par son propre fonds; qu'il sût qu'elle a été dans son origine sans fruits, sans habitants, sans beauté, qu'elle pouvait être dans tous les temps aussi stérile et aussi dénuée qu'au jour de sa naissance, et que les richesses dont elle est aujourd'hui comblée lui sont étrangères et viennent d'une main invisible.

Au premier jour de la création, Dieu communiqua le mouvement à cette masse informe, et il sépara les parties ignées et lumineuses. Ces particules se réunirent et se séparèrent du reste de la nature sans former encore des corps particuliers. Dieu nomma la lumière jour, et les ténèbres nuit. Jusqu'ici les corps fluides et solides étaient encore confondus les uns avec les autres. Dieu les sépara; il rassembla les eaux de notre atmosphère; il fit élever de la terre des vapeurs qui, en s'épaississant, devinrent des nues et formèrent ce firmament qu'on appelle ciel. Telles furent les œuvres du second jour. Les eaux couvraient encore la surface de la terre. C'est le troisième jour que Dieu en fit la séparation ; il plaça la mer dans le lit qu'il lui avait préparé ; il ordonna à la terre de paraître et de produire de l'herbe verte, des plantes et des arbres. Au moment de la création, chaque arbre portait déjà son fruit, de même que chaque plante et tous les végétaux contenaient les semences nécessaires pour la propagation de l'espèce.

Au quatrième jour, Dieu forma de cette masse de lumière, qui déjà avait été séparée des ténèbres, tous les astres qui brillent dans le firmament ; alors parut le soleil, dont la bienfaisante chaleur échauffe et fertilise la terre, et qui nous éclaire pendant le jour. La lune fut formée de la matière ténébreuse du chaos. Les astres ne furent créés que le quatrième jour, pour apprendre à l'homme qu'ils ne sont pas le principe des productions de la terre ; Dieu voulait prévenir l'idolâtrie.

Jusque-là Dieu n'avait encore produit sur la terre que des êtres inanimés. Le cinquième jour fut employé à donner l'existence à une partie des créatures vivantes. Dieu remplit les eaux de poissons de diverses espèces et de différentes grandeurs, et il leur donna des corps analogues à l'élément daus lequel ils devaient vivre. Il peupla l'air de toutes sortes d'oiseaux, et il imprima dans tous ces êtres l'instinct de perpétuer leurs espèces. Il ne restait plus qu'à couvrir la terre de créatures vivantes, et Dieu les créa le sixième jour. Il tira de la terre une multitude d'animaux sauvages et domestiques, pour servir tant au laboureur qu'à la nourriture et à l'entretion de l'homme. Enfin il produisit une infinité d'insectes et de reptiles. La stature de tous ces animaux, lorsque Dieu les eut créés, était au point de la perfection.

Tout étant ainsi préparé, le temps était venu d'introduire dans le monde l'homme, qui devait être le seigneur de toutes ces créatures. Dieu créa donc le premier homme; et comme il appartenait tant au monde intellectuel qu'au monde corporel, il lui donna non-seulement un corps qu'il forma de la terre, mais aussi une âme spirituelle, raisonnable, qui fut comme un souffle et une inspiration de la divinité. D'une des côtes d'Adam, et pendant son sommeil, il tira la femme et la lui présenta pour être sa compagne. Ces deux êtres, par lesquels Dieu termina les ouvrages de la création, furent les plus admirables chefs-d'œuvre de sa puissance et de sa sagesse.

LA LUMIÈRE.

—

La lumière est le premier ouvrage et le premier bienfait du Créateur, elle doit donc être le premier sujet de notre reconnaissance. Sans la lumière, toute la nature serait comme si elle n'était pas; et les beautés et les merveilles que la sagesse divine y a répandues, seraient inutiles à l'homme, qui doit en être l'admirateur. Mais qu'est-ce que la lumière? Ici commence cette longue suite de mystères qui confondent notre raison. Inexplicables, quoique évidents, ces mystères de la nature nous apprennent à croire les mystères encore plus élevés de la religion, bien que nous ne les comprenions pas. Tout ce que les plus grands philosophes ont dit de la lumière n'est que conjectural.

Les uns prétendent que la lumière est une substance fluide dont nous sommes environnés, et qui devient visible lorsqu'elle est ébranlée et mise en mouvement par le soleil ou par quelque autre corps enflammé. Selon d'autres, la lumière n'est que le feu lui-même, qui, par l'émanation de ses parties infiniment subtiles, frappe doucement nos yeux à une certaine distance.

Quoique le feu et la lumière marchent presque toujours de compagnie, et que l'un puisse occasionner l'autre, il y a cependant entre l'un et l'autre des différences très-réelles. La lumière est incomparablement plus subtile que le feu ; elle traverse dans un moment le verre et les autres substances diaphanes, au lieu que le feu ne les pénètre que très-lentement ; il faut donc que les pores du verre soient assez larges pour la lumière et qu'elle puisse y passer sans obstacles, tandis que le feu y rencontre plus de résistance, parce qu'il est moins subtil. Il est certain encore que le feu se meut beaucoup plus lentement que la lumière. Que l'on mette des charbons ardents dans une chambre, la chaleur s'y répandra lentement, et l'air ne s'échauffera que par degrés ; mais dès qu'on porte une bougie dans un appartement, il en est subitement éclairé.

Un rayon de lumière, décomposé par le moyen d'un prisme, donne sept couleurs différentes : le rouge, l'orangé, le jaune, le vert, le bleu, l'indigo ou pourpre, le violet. La différence des couleurs dans les objets vient de la différence des rayons qu'ils réfléchissent dans nos yeux. Ainsi l'écarlate excite dans notre œil la sensation du rouge, parce que cette étoffe absorbe et retient toutes les espèces de rayons, à l'exception de l'espèce qu'elle réfléchit dans notre œil. Le blanc est le mélange et l'assemblage de toutes les couleurs uniformément réfléchies. Le noir est l'absence ou la privation de toutes les couleurs. Un objet est noir quand il absorbe uniformément toutes les espèces des rayons qu'il reçoit.

Si la lumière est incompréhensible dans sa nature, elle ne l'est pas moins dans ses effets et dans ses propriétés. La rapidité avec laquelle elle se propage est prodigieuse. Si sa vitesse n'était pas plus grande que celle du son, elle emploierait *dix-sept ans* à parvenir du soleil jusqu'à nous ; mais elle n'a besoin pour cela que de *sept à huit secondes*. Dans ce court espace, un rayon du soleil parcourt plusieurs millions de lieues. Il y a plus ; les observations astronomiques nous apprennent que les rayons d'une étoile fixe doivent, pour arriver jusqu'à nous, parcourir une route qu'un boulet de canon, chassé avec la plus grande vitesse possible, ne ferait qu'en *cent millions quatre cent mille lieues.*

Le développement de la lumière n'est pas moins inconcevable. L'espace où elle se répand n'a point d'autres limites que celles de l'univers même, et l'immensité de l'univers est si prodigieuse, qu'elle excède la capacité de l'entendement humain. La preuve en est que les objets les plus éloignés, les corps célestes, par exemple, peuvent être discernés à la simple vue, ou à l'aide des télescopes ; et si nous avions des instruments optiques qui étendissent notre vue aussi loin que la lumière se répand, nous verrions par cela même les corps placés à l'extrémité de l'univers.

Mais pourquoi la lumière se propage-t-elle de tous côtés avec une vitesse si prodigieuse? C'est afin qu'un nombre infini d'objets puissent être aperçus en même temps par une infinité de personnes, et qu'à chaque instant l'homme puisse jouir de l'univers aussi loin que sa vue peut s'étendre. Pourquoi les particules de lumière sont-elles d'une subtilité presque infinie? C'est afin qu'elles puissent peindre les objets dans les yeux même les plus petits; c'est encore afin qu'elles ne nous éblouissent point par leur éclat et qu'elles ne nous nuisent point par leur chaleur. Pourquoi les rayons sont-ils réfractés en tant de manières? C'est afin que nous puissions mieux distinguer les objets qui s'offrent à nos yeux.

Une admirable propriété de la lumière, c'est de colorer tous les objets et de nous les faire aisément distinguer. Au lieu d'une campagne embellie de tout ce que le printemps et la main de l'homme peuvent y mettre de plus agréable, imaginons-la toute couverte de neige. La lumière du soleil qui commence à monter sur l'horizon est fortement réfléchie par cette blancheur universelle. Le jour en est considérablement augmenté. Tout y est éclairé et visible, cependant tout y est confondu : il faut deviner les objets. L'uniformité de la blancheur empêche, malgré son éclat, de distinguer les rochers d'avec les habitations des hommes, les arbres d'avec la colline qui les porte, les terres cultivées d'avec celles qui ne le sont pas. On voit donc tout et on ne distingue rien. Tel aurait été l'aspect de la nature, si Dieu nous avait donné la lumière sans la propriété de colorer les objets.

Mais grâce à cette propriété de la lumière qui peint et habille tout ce qui nous environne, chaque créature est rendue reconnaissable ; chaque espèce porte sa livrée particulière. Tout ce qui doit nous servir a une marque qui le caractérise : nous n'avons point d'effort à faire pour démêler ce que nous cherchons ; la couleur nous l'annonce. A quelle longueur et à quelle perplexité eussions-nous été réduits, s'il eût fallu à chaque instant distinguer une chose d'une autre par des raisonnements? Toute notre vie eût été employée à étudier plutôt qu'à agir. C'est pour nous épargner cette longue et pénible voie des discussions que Dieu a voulu accorder au genre humain, et même aux animaux qui nous servent, la voie expéditive et commode de distinguer les objets par la couleur. L'homme ouvre le matin sa paupière, et voilà toutes ses recherches faites. Son ouvrage, ses outils, sa nourriture, tout ce qui l'intéresse se présente à découvert ; nul embarras pour en faire le discernement : la couleur est l'étiquette qui conduit sa main et qui la mène à coup sûr où il faut qu'elle arrive.

L'intention de nous faire promptement distinguer les objets, n'est pas la seule qui ait donné naissance aux couleurs. Ici, comme en toute autre chose, Dieu s'est occupé de nos plaisirs comme de nos besoins. Quel autre dessein s'est-il proposé que celui de nous placer dans un agréable séjour, en ornant toutes les parties de l'univers de peintures si brillantes et si variées ? Remarquez l'art parfait de ce peintre divin. Le ciel et tout ce qui est vu de loin a été peint à grands traits. L'éclat et la magnificence du coloris en font le caractère. La légèreté, la finesse et les grâces de la miniature se trouvent dans les objets destinés à être vus de plus près, comme les feuillages, les oiseaux, les fleurs. Ce n'est pas tout ; dans la crainte que l'uniformité des couleurs ne devienne en quelque sorte ennuyeuse, la terre change de robe et de parure selon les saisons. Il est vrai que pendant l'hiver le divin peintre étend un vaste rideau blanc sur son tableau. Mais l'hiver, qui enlève à la terre une partie de ses beautés, lui ramène un repos utile, et plus utile encore à celui qui la cultive. Tandis qu'il retient l'homme dans sa retraite, à quoi bon la terre se parerait-elle, pour n'être point vue de son maître ? Au retour du printemps, la toile se lève, et le spectateur de l'univers contemple le riche tableau avec un plaisir nouveau et toujours renaissant.

Les couleurs qui font un si bel effet dans la nature, n'embellissent pas moins la société. Quels agréments ne mettent-elles pas dans nos habits et dans nos meubles ? Mais de tous les services que nous rendent les couleurs, il n'en est point qui nous flattent plus que de se prêter, comme elles le font, à toutes nos intentions et de s'accorder avec toutes nos situations. Les couleurs les plus communes servent dans les usages ordinaires ; les plus vives et les plus brillantes se réservent pour les occasions distinguées. Elles animent nos fêtes, et avec leur éclat, elles répandent une joie secrète qui en est presque inséparable. Sommes-nous dans l'affliction ? D'autres couleurs succèdent. Elles nous environnent de deuil ; et c'est pour nous une sorte de consolation de voir tout ce qui nous approche entrer dans nos peines et s'attrister avec nous.

Un des plus beaux phénomènes occasionnés par la lumière, un des tableaux le plus magnifiquement coloriés que le Créateur ait exposés à nos yeux, c'est l'arc-en-ciel, où les sept couleurs se dessinent avec tant d'éclat et de majesté. Ce météore est produit par les rayons solaires réfractés et réfléchis par les gouttes de pluie sur lesquelles ils tombent ; il ne peut donc avoir lieu que lorsque le soleil et la pluie se montrent en même temps, c'est-à-dire lorsque les nuages sont assez légers et assez interrompus pour que le soleil puisse darder ses rayons au travers ; donc, toutes les fois que l'arc-en-ciel paraît, c'est une preuve certaine qu'il ne tombera que très-peu de pluie ; c'est pour cette raison que Dieu le prit pour signe de l'alliance qu'il fit avec Noé pour le rassurer contre la crainte d'un nouveau déluge. « Lorsque j'aurai couvert le ciel de nuages, mon arc y paraîtra, et je me souviendrai de la promesse que j'ai faite de vous conserver et tous les animaux. »

LES ÉTOILES.

—

Le ciel étoilé est, pour tout homme qui sait réfléchir, un théâtre admirable des merveilles du Très-Haut; c'est un spectacle qui saisit, élève, ravit l'âme. Les *cieux*, disait le prophète, *racontent la gloire de leur auteur*. Quoi de plus beau en effet et de plus majestueux que cette immense étendue du firmament éclairée par des lumières sans nombre que l'azur du ciel fait paraître encore plus brillantes et qui diffèrent toutes les unes des autres, tant en grandeur qu'en éclat? Le nombre des étoiles est incalculable. On en aperçoit environ deux mille à l'œil nu. Mais depuis l'invention des télescopes, on en a découvert des milliers; et plus on perfectionne les instruments astronomiques, plus on en découvre.

C'est avec beaucoup de raison qu'on suppose que le nombre de celles que leur enfoncement dans un espace incommensurable rend imperceptibles, est au-dessus de nos supputations. Les instruments nous ont appris que cette longue tache blanche et lumineuse qui occupe une grande partie du ciel et que l'on appelle *voie lactée* n'est qu'un vaste amas d'étoiles et de soleils plus éloignés encore. La main de Dieu a donc jeté les mondes le long de cette voie avec autant de profusion qu'elle a répandu le sable sur le bord de la mer.

On distingue dans le firmament les étoiles proprement dites des planètes. Les premières, appelées étoiles fixes, parce qu'elles conservent toujours la même position respective, ou plutôt parce que leurs mouvements sont imperceptibles pour nous, brillent par elles-mêmes et jettent une lumière vive et scintillante. Les planètes sont des corps opaques ou obscurs qui ne font que réfléchir vers nous la lumière du soleil; aussi leur lumière est tranquille et sans scintillation.

Les étoiles sont à une distance prodigieuse de la terre; il faudrait à un boulet de canon qui ferait trois lieues à la minute, plus de *six cent mille ans* pour arriver à la plus proche de nous; c'est le grand éloignement qui fait qu'elles ne nous paraissent que comme de petites lumières qui brillent dans le firmament. Mais dans la réalité ce sont autant de soleils dont l'immense circonférence ne saurait être mesurée. Il est donc vrai que des milliers de soleils et de mondes roulent dans l'espace; et ce que nous en voyons n'est que la moindre partie de cette grande armée qui est rangée au-dessus de nous dans un si bel ordre.

Ces corps immenses que la main du Créateur soutient au milieu d'un air subtil sont dans un mouvement continuel. Une route particulière a été marquée à chacun d'eux ; ils ne s'en écartent jamais ; et cependant ils fournissent leur carrière avec une rapidité qui passe l'imagination. Quoique tous ces milliers de corps se meuvent dans l'espace, ils ne s'entrechoquent et ne s'embarrassent jamais. Ces étoiles qui nous paraissent semées avec confusion dans le firmament, s'y trouvent cependant avec le plus grand ordre et dans la plus parfaite harmonie. Depuis des milliers d'années, elles se lèvent et se couchent régulièrement de la même manière. Ces millions de soldats de l'armée des cieux, toujours en marche, reviennent toujours à leurs premiers campements, et les astronomes peuvent déterminer mille ans d'avance avec exactitude leur position et leur cours.

Mais ces beaux astres qui ornent la voûte céleste n'ont pas été créés seulement pour procurer à nos yeux la satisfaction d'un agréable spectacle ; il nous en revient encore des avantages positifs. Les étoiles qui sont constamment dans la même partie du ciel, par exemple, l'étoile polaire, servent de guide aux voyageurs sur terre et sur mer pendant l'obscurité de la nuit. Elles marquent au navigateur sa route. Elles lui apprennent quand il peut entreprendre ses voyages avec moins de danger et arriver heureusement à sa destination. Les révolutions toujours régulières des astres marquent précisément le retour, la fin des saisons. Le laboureur sait au juste, par leur moyen, dans quel temps il doit confier les semences à la terre et quel ordre il doit donner aux travaux de la campagne.

Parmi les corps célestes qui appartiennent au système de notre monde, on doit placer la comète, cet astre extraordinaire, ainsi appelé de cette longue traînée de lumière qui le suit en forme de chevelure. La comète tourne autour du soleil ainsi que les autres planètes, mais elle diffère par son orbite et sa figure. Vue au télescope, elle paraît pleine de taches, d'inégalités ; mais souvent le brouillard qui l'environne empêche d'observer sa surface. La grandeur des comètes est sujette à beaucoup de variations ; quelques-unes égalent à peine les plus petites étoiles ; d'autres surpassent les plus grandes. La figure de cet astre n'est pas parfaitement ronde, et sa lumière n'a pas constamment le même degré de force et de vivacité; sa queue ou chevelure, qui est toujours opposée au soleil, est d'une substance si rare et si transparente, qu'on peut voir les étoiles fixes au travers. Cette chevelure s'étend quelquefois depuis l'horizon jusqu'au vertical, ce qui donne à cet astre un aspect imposant. La comète décrit dans son orbite une ellipse très-allongée, en sorte qu'elle est tantôt très-rapprochée, tantôt très-éloignée du soleil, que sa surface est exposée tour à tour au plus violent degré de chaleur ou de froid, d'où l'on conclut que ces corps errants ne sont point habités. Les comètes sont, comme les autres planètes, assujetties dans leur course à des règles fixes ; de là vient que les astronomes calculent et prédisent avec certitude leur retour. Leur apparition est donc un phénomène naturel qui ne saurait troubler en rien l'ordre des choses. C'est une aveugle superstition de voir dans la comète le précurseur des jugements de Dieu, un présage de guerre, de peste, d'inondation, en un mot des fléaux redoutables.

A en juger simplement par le rapport de nos sens, on pourrait croire qu'il y a au-dessus de nous une grande voûte peinte en bleu, et prendre les étoiles pour des petits clous brillants qui y sont attachés. Nous venons de voir que cette petitesse apparente des étoiles est due à leur prodigieux éloignement. Quant à la couleur bleue du firmament, elle vient : 1° de ce que l'atmosphère, ou cette masse d'air qui nous environne, n'est pas tout à fait transparente ; 2° de ce que l'atmosphère est toujours chargée d'une grande couche d'eaux légères qui réfléchissent conjointement avec l'air les rayons du soleil. La couleur bleuâtre est naturelle à l'eau, soit épaisse, soit raréfiée, surtout quand le volume en est considérable. L'atmosphère doit donc être de couleur d'azur, et cet azur est plus ou moins clair à proportion de la quantité des rayons qui le pénètrent. C'est du mélange de cet air et de ces eaux légères que Dieu a formé la couleur de cette voûte éclatante qui réjouit de toute part la vue de l'homme, et qui devient le gracieux lambris de son palais. Une semblable merveille demande de nous plus que de l'admiration ; car elle est la preuve complète que nous sommes l'objet des plus tendres complaisances du Créateur.

En effet, Dieu aurait pu rembrunir ou noircir cette voûte céleste ; mais le noir est une couleur lugubre qui eût attristé toute la nature. Le rouge et le blanc n'y convenaient pas davantage. Le jaune est réservé pour l'aurore. D'ailleurs, une voûte entière de cette couleur n'aurait pas été assez détachée des astres qu'on y devait voir rouler ; le vert aurait à la vérité produit tout le relief nécessaire, mais c'est l'aimable couleur dont Dieu a paré notre demeure ; c'est le tapis qu'il a étendu sous nos pieds. Le bleu, sans tristesse et sans rudesse, a encore le mérite de trancher sur la couleur des astres, et de les relever tous.

LE SOLEIL.

Le soleil, placé au centre du système planétaire, communique la lumière et la chaleur non-seulement à la terre, mais encore à une multitude de mondes qui l'entourent et dont il est comme le monarque. Car les six planètes principales et les dix planètes secondaires ne sont autre chose que des mondes qui reçoivent du soleil leur lumière, leur chaleur et leur mouvement intérieur. Cela seul ne suffit-il pas pour prouver la grandeur prodigieuse de cet astre ? D'après les calculs des astronomes, le soleil est au moins un million de fois plus gros que la terre ; ce qui le fait paraître si petit, c'est l'immense distance qui nous en sépare ; il est éloigné de nous de trente millions de lieues.

Le divin ordonnateur du monde, qui a placé le soleil dans le firmament pour l'avantage de la terre, a mesuré la distance de l'un sur les besoins de l'autre. Il a mis entre la chaleur du soleil et les choses qu'elle doit faire naître ou conserver, une telle proportion, qu'elle leur est toujours salutaire. Un plus grand éloignement laisserait la terre glacée; elle serait brûlée, s'il était moindre. Admirez l'ineffable sagesse du Créateur! Il s'agissait d'éclairer et d'échauffer un globe de neuf mille lieues de circonférence. Pour cela il ne veut qu'un seul foyer. Quelle sera donc la grosseur de ce globe de feu? A quelle distance devra-t-il être placé? Il dit; et voilà qu'un globe de feu d'un million de fois plus gros que la terre est lancé dans l'espace.

Mais les rayons de feu qui partent d'un globe de flammes un million de fois plus gros que la terre, doivent avoir une activité inconcevable, tant qu'ils demeurent serrés les uns contre les autres, et qu'ils agissent de compagnie. Il s'agissait donc de les diviser, afin qu'en arrivant à la terre, ils n'eussent plus que la lumière et la chaleur convenables; or, les rayons du corps lumineux s'écartent à mesure qu'ils s'éloignent du centre qui les envoie. A quelle distance devra donc être placée la terre, pour que ces rayons, en lui arrivant, soient suffisamment divisés pour l'éclairer sans l'éblouir, l'échauffer sans la brûler? Si ce phénomène avait été proposé à nos astronomes, il serait encore à résoudre. Mais Dieu, infaillible dans ses opérations, a dit, et le soleil s'est placé à trente millions de lieues de la terre. Et six mille ans d'expérience prouvent la justesse infinie de son calcul. C'est de ce point qu'il communique à notre monde une lumière et une chaleur suffisantes, qu'il pénètre, vivifie la terre de ses rayons bienfaisants, et produit dans l'atmosphère tous ces effets sans lesquels il ne saurait y avoir ni rosée, ni pluie, ni grêle, ni brouillards, ni jours clairs et sereins.

Quant aux mondes qui sont plus voisins ou plus éloignés que nous du soleil, il faut croire, s'ils ont été rendus propres par le Créateur à être habités, que leur constitution et leur atmosphère diffèrent des nôtres, ou que les habitants étant d'une autre nature peuvent soutenir un plus haut degré de froid ou de chaleur.

La terre étant ronde, si le soleil était immobile au milieu du ciel, il n'échaufferait et n'éclairerait que la moitié de notre globe. Il fallait donc que ce grand luminaire fût continuellement en marche autour de la terre, ou que la terre elle-même, en tournant, présentât à ses rayons toutes les parties du globe. C'est pourquoi, en créant le soleil, Dieu lui a dit de se lever tous les jours, et d'éclairer successivement pendant vingt-quatre heures toutes les parties de la terre. Et depuis soixante siècles le soleil, obéissant, se lève sans manquer un seul jour, et fournit sa carrière sans s'écarter d'une ligne de la route qui lui a été tracée. Voyez avec quelle pompe et quelle profusion de lumière il commence sa course, de quelle couleur il embellit la nature, et de quelle magnificence il est revêtu lui-même !

Une des choses les plus remarquables dans la révolution de cet astre, ce sont les variations de son lever. Si le soleil parcourait chaque jour la même route, la plus grande partie de la terre serait inhabitable, soit à cause des ténèbres qui seraient continuelles, soit à cause de la chaleur qui serait brûlante, soit à cause du froid qui serait excessif. D'ailleurs, cette marche uniforme du soleil ne nous découvrirait qu'imparfaitement la sagesse de Dieu et son attention à conduire l'univers ; mais il n'en est pas ainsi. Aucun jour, à parler exactement, n'est égal à celui qui l'a précédé, ni à celui qui le suit. Il faut donc nécessairement que tous les jours le soleil se lève et se couche à des points différents. C'est pourquoi, selon l'expression du prophète, un jour porte au jour qui suivra un nouvel ordre, et la nuit marque à la nuit suivante à quel instant précis elle doit commencer et finir ; et la nature, en suspens, apprend à chaque moment de celui qui la conduit ce qu'elle doit faire et jusqu'où elle doit aller.

Quelles merveilles ! Qui a dit au soleil : Ne commencez pas demain le jour où vous l'avez commencé aujourd'hui, où vous le finîtes hier. Qui lui a ordonné de revenir sur ses pas quand il a touché certaines bornes ? Et qui lui a défendu, quand il est arrivé au point opposé, de passer au delà ? C'est ainsi que les cieux nous racontent chaque jour, à chaque instant, la gloire de leur auteur ; et leur langage est intelligible à tous, et l'univers entier est instruit par ces éloquents prédicateurs.

Une des principales causes de la chaleur de notre globe est sans doute le soleil et sa position relativement à telle ou telle partie de la terre. En général, la température est plus élevée dans les contrées qui sont éclairées plus longtemps et plus directement par les rayons du soleil. Ainsi, lorsque le soleil est dans la partie méridionale de la terre, les jours y sont plus chauds que lorsque cet astre s'est rapproché du pôle boréal, et réciproquement. Ainsi, les chaleurs sont très-grandes sous la ligne, où la direction des rayons solaires est presque verticale ; vers les pôles où le soleil reste longtemps sur l'horizon.

Mais cette cause n'est pas la seule ; car si la chaleur de l'atmosphère provenait uniquement du soleil, la température de chaque pays, de chaque saison, serait invariablement la même. Or, l'expérience prouve le contraire : tous les étés ne sont pas également chauds, tous les hivers ne sont pas également froids ; dans le même climat, pendant qu'il fera dans les plaines une chaleur étouffante, on verra le sommet des montagnes, qui est cependant plus rapproché du soleil, recouvert de neiges et de glaces. En hiver, souvent il arrive que la température, qui était très-froide pendant le jour, devient tempérée la nuit, quoique le soleil soit sous l'horizon.

Pour se rendre raison de ces divers phénomènes, il faut observer d'abord que les divers degrés de chaleur de l'atmosphère ne viennent pas précisément du plus ou moins de proximité du soleil par rapport à la terre, mais de la manière dont elle reçoit ses rayons. Ainsi, dans les plus grands froids, le soleil se trouve dans son *périgée*, c'est-à-dire dans le point de son orbite le plus rapproché de la terre ; mais ses rayons nous parviennent d'une manière oblique, et alors la plupart ne sont pas réfléchis. Tandis que pendant l'été, le soleil se trouve dans son *apogée* ou dans son plus grand éloignement de la terre ; mais alors ses rayons tombant plus directement sur nous, ont plus de force, et la réflexion qu'en fait la terre est beaucoup plus grande ; enfin, le soleil, étant beaucoup plus longtemps sur l'horizon, pénètre plus avant dans la terre.

En second lieu, la chaleur que l'air reçoit du soleil peut être modifiée par diverses causes : par la chaleur du feu excité par le bois, le charbon et les autres matières combustibles ; celle qui vient du sein de la terre, de la profondeur des mers, des sources minérales. Cette chaleur est encore souvent augmentée par la fermentation que subissent différentes sortes de corps, soit sur la surface de la terre, soit dans l'atmosphère supérieure, et qui produisent des exhalaisons chaudes. Lors donc que toutes sortes de petits corps qui nagent dans l'atmosphère inférieure, et qui sont propres à recevoir et à conserver la chaleur, viennent à s'échauffer et qu'ils ne sont pas rafraîchis et entraînés par les vents ou la pluie, la chaleur augmente et devient de plus en plus vive.

Admirez, en finissant, la beauté et les divins effets du soleil. Ne semble-t-il pas que Dieu ait pris soin de rassembler dans cet astre les traits les plus propres à nous peindre la divinité? Comme Dieu, le soleil est unique; ce qu'il y a de plus beau et de plus riche disparaît en sa présence; il agit partout, il anime tout, il est toujours le même. N'est-il pas étonnant que depuis tant de siècles, le soleil n'ait en rien diminué; que sa lumière soit toujours aussi vive et aussi abondante, que la terre en soit aussi éclairée que le premier jour? Que dire de sa vertu bienfaisante sur toute la nature? Il anime toutes les créatures, il les récrée par ses bénignes influences. Des milliers d'insectes brillants se réveillent, se réchauffent, se jouent à ses rayons. Les oiseaux le saluent de leurs mélodieux concerts. Tout ce qui respire, se réjouit à son aspect. Les créatures inanimées elles-mêmes éprouvent ses effets bienfaisants; et partout on voit les heureuses traces de son influence. Il fait monter la séve dans les arbres, les plantes, les végétaux; il fait pousser les fruits, les colore et les conduit à leur maturité. Il répand la lumière et la vie dans la nature; il est la source de la chaleur qui se trouve dans les animaux, et sans laquelle ils ne tarderaient pas à tomber dans l'engourdissement et la mort. La vertu du soleil pénètre jusque dans les antres de la terre, où il produit les métaux et anime certaines créatures vivantes; dans les profondeurs de l'Océan, où il agit de différentes manières. Sans le soleil, que serait notre globe ? Une masse brute et morte, sans vie, sans ordre, sans beauté.

LA LUNE.

—

La même parole qui créa le soleil et suspendit au firmament cet immense globe de feu pour présider au jour, fit aussi la lune et la chargea de présider à la nuit, c'est-à-dire d'en tempérer les noires ténèbres par son aimable clarté. La nuit est le moment de son triomphe. Elle tire de l'obscurité les objets le plus près de nous et y répand un coloris qui en change agréablement toutes les apparences. La lune est un des plus beaux objets de la nature. Elle réjouit les yeux par la douceur de sa clarté, et varie la scène en changeant toujours de figure. Les accroissements et la diminution de sa lumière nous prouvent qu'elle est un corps rond et opaque, qui emprunte sa clarté du soleil. Ce globe tourne une fois en vingt-quatre heures autour de la terre, et il achève sa propre révolution en vingt-sept jours. Sa surface est quatorze fois moindre que celle de la terre, dont elle est éloignée d'environ quatre-vingt-cinq mille lieues. Sur la surface de la lune on découvre plusieurs taches qui sont visibles même à l'œil nu. Quelques-unes de ces taches sont pâles, obscures, d'autres sont plus lumineuses. Les taches lucides sont vraisemblablement de hautes montagnes qui réfléchissent la lumière du soleil du haut de leur cime, et les taches obscures sont des corps fluides, transparents, des mers, des grottes, des vallons qui absorbent une grande partie de la lumière.

La lune étant ronde, comme on peut en juger à la simple vue, et recevant sa lumière du soleil, il ne peut y avoir qu'une de ses moitiés qui soit éclairée, et cet hémisphère seul est visible pour nous. Or, cette moitié éclairée nous apparaît ou en totalité ou en partie, ou même disparaît entièrement, selon sa position relativement au soleil : de là les phases ou aspects de la lune. Quand cet astre est en *conjonction*, c'est-à-dire placé entre le soleil et nous, il tourne vers lui toute sa moitié éclairée, et vers nous toute sa moitié obscure ; il est par conséquent invisible pour nous, c'est la *nouvelle lune*; il se lève alors et se couche en même temps que le soleil. Mais la lune change chaque jour de position vis-à-vis du soleil. Tous les jours elle recule, d'occident en orient, le lieu de son lever; elle retarde chaque jour de treize minutes environ, et achève sa période en vingt-huit jours; or, à mesure qu'elle se retire de dessous le soleil, une légère bordure de la moitié éclairée commence à nous regarder, sous la forme d'un croissant dont les pointes sont tournées vers l'orient. Plus la lune s'éloigne du soleil, plus cette bordure s'étend ; au bout de sept jours on voit la moitié de la partie éclairée, c'est le *premier quartier*. Au quatorzième jour, elle se trouve presque en opposition avec le soleil; elle se lève à l'orient au moment où le soleil disparaît à l'occident, alors l'hémisphère éclairé se montre tout entier comme un disque lumineux, c'est la *pleine lune*. Dans le restant de sa période, la lune décroît dans la même proportion qu'on l'avait vue croître, c'est-à-dire que la partie éclairée se détourne insensiblement de nous : sept jours après la pleine lune, elle ne montre plus que la moitié de son disque, c'est le *dernier quartier* ; elle reprend bientôt la forme d'un croissant dont les pointes regardent le couchant, et qui finit par s'éclipser.

Admirons dans cette reine des nuits une attention paternelle de la Providence. En effet, ce corps, tout massif et tout obscur qu'il est, a été placé à l'égard de la terre dans un point si peu éloigné, qu'il nous donne plus de lumière que les étoiles ne nous en envoient toutes ensemble, bien qu'elles soient autant de soleils. Remarquez en cela la sagesse et la bonté du Créateur ; il a tellement éloigné de nous les étoiles, que la nuit, dont nous avons besoin, ne souffre rien de leur éclat. Mais il a placé la lune si près de nous, qu'elle devient un magnifique miroir qui nous rend pendant la nuit une grande partie de la lumière du soleil que nous avions perdue.

Que de solides bienfaits cet astre ne nous procure-t-il pas ! L'homme veut-il se mettre en voyage avant le jour, ou prolonger sa course après le coucher du soleil ? Le premier quartier de la lune vient s'offrir pour lui servir de guide, aussitôt que le soleil s'est retiré. Veut-il, plus vigilant que l'astre du jour, commencer sa course avant lui ? Voici le dernier quartier de la lune qui prévient pour lui de plusieurs heures le lever de l'aurore. Il est maître de réserver ses voyages au temps de la pleine lune qui lui donne, pour ainsi dire, des jours de vingt-quatre heures en l'éclairant sans interruption ; avec ce secours, il évite les ardeurs de l'été, ou il expédie en sûreté et quand il veut ce qu'il a intérêt de ne pas confier au jour.

Mais une nuit toujours claire n'eût-elle pas été plus avantageuse ? Dieu concilie presque partout diverses utilités tout ensemble, et la diversité des services ajoute un nouveau prix à l'excellence de ses présents. La lune n'est pas seulement destinée à adoucir la tristesse de la nuit, par une lumière qui prolonge ou qui remplace celle du soleil, elle est une vraie sentinelle attachée au palais de l'homme et chargée d'y occuper successivement différents postes pour lui donner dans chacun de ces postes un nouvel avis et un nouveau signal. Le soleil devait servir à régler l'ordre des travaux champêtres par la révolution d'une année. Mais la lune, en faisant une révolution semblable autour de nous, en vingt-huit jours, et changeant régulièrement de figure aux quatre quartiers de sa course, devait servir à régler l'ordre civil et les affaires communes de la société. Elle montre à tous les peuples un fanal qui prend une forme toute nouvelle de sept jours en sept jours, et lui offre à tous des divisions commodes, des durées regulières, courtes et propres pour déterminer les commencements et la fin des opérations du détail.

Aussi les Hébreux, les Grecs, les Romains, et généralement tous les peuples anciens, s'assemblaient-ils à la nouvelle lune pour acquitter les devoirs de leur piété et de leur reconnaissance. On leur annonçait en ce jour ce qui pouvait les intéresser dans la durée du nouveau mois; la pleine lune les rassemblait au milieu du mois; les deux autres quartiers étaient deux termes aussi faciles à reconnaître. Encore aujourd'hui les Turcs, les Arabes, les Maures, plusieurs autres peuples de l'Amérique et bien d'autres nations, rappellent tout l'ordre de leur calendrier aux renouvellements et aux autres phases de la lune. Si nous y sommes moins attentifs, ce n'est pas que cet astre ait cessé de nous rendre les mêmes services. Nous sommes déchargés de tout soin et de toute inspection par les calculs commodes que d'habiles astronomes nous mettent en main; mais leurs calendriers, qui nous dirigent, sont réglés par l'observation du cours de la lune. Ils sont ajustés par avance aux avis que ce satellite vigilant ne manquera jamais de donner jusqu'à ce que celui qui l'a mis pour nous en sentinelle juge à propos de changer ses fonctions en changeant l'état de l'homme au service duquel il l'avait attaché. Etat heureux! où nous n'aurons plus besoin pour nous éclairer, ni du soleil, ni de la lune, mais où l'Agneau divin sera notre lumière et celle de toute la Jérusalem céleste!

On attribuait autrefois à la lune certaines influences qui étaient extrêmement propres à entretenir la superstition et des terreurs mal fondées. Le jardinier ne plantait pas avant d'avoir observé la lune; le laboureur attendait pour semer de s'être bien assuré de l'heureuse influence de cet astre. Les malades étaient scrupuleusement attentifs aux variations de la lune; les médecins eux-mêmes y avaient égard dans leurs ordonnances. Si le préjugé sur ce point fut porté trop loin, on ne saurait disconvenir que cette planète n'exerce une influence très-réelle sur divers phénomènes de la nature et en particulier sur l'économie animale.

Il est bien prouvé, en effet, que la lune produit de grandes variations dans l'air, d'où résultent nécessairement divers changements dans notre corps et dans les divers règnes de la nature. La lune peut causer dans l'atmosphère supérieure des mouvements et des altérations si considérables, qu'il en résulte des tremblements de terre, des vents, des chaleurs, des froids, des exhalaisons, des brouillards, etc., etc. ; elle doit donc influer considérablement sur le bien-être de notre corps. Car, d'après un principe incontestable, notre santé dépend, en grande partie, du temps qu'il fait, et de la constitution de l'air que nous respirons. Pourquoi en effet, dans certaines infirmités, ce redoublement et ces douleurs plus vives dans le temps de la nouvelle et de la pleine lune ? Pourquoi les maladies qui ont quelque chose de périodique viendraient-elles au bout de quatre semaines, plutôt que dans des périodes plus courts ou plus longs ? Ces cas et une infinité d'autres prouvent évidemment les influences de la lune sur le corps humain. Par la même raison, on ne saurait taxer entièrement de superstition l'opinion qui attribue à la lune une certaine influence sur la végétation, les semailles, la coupe des bois, etc., etc. ; car tous ces phénomènes ont beaucoup de relation avec la température de l'air.

Il y a loin de cette doctrine, basée sur le raisonnement et l'expérience, à la science vaine et absurde de l'*astrologie*, qui prétendait que les planètes et les étoiles fixes influaient non-seulement sur les corps terrestres, mais sur les actions et les destinées des hommes. Le prodigieux éloignement des corps célestes et le peu de connexion que notre globe paraît avoir avec eux ne permettent pas qu'ils puissent contribuer en rien aux révolutions naturelles de notre terre, et encore moins qu'ils influent sur les actions et les destinées humaines.

L'AIR.

—

L'air est une matière fluide, pesante, élastique, qui est répandue dans toute la nature et qui entre dans la composition de tous les corps; l'air est inodore, insipide, indivisible, nous ne pouvons l'atteindre que par le toucher.

L'air est pesant; et sa pesanteur est telle, que la force avec laquelle une colonne d'air pèse sur chaque surface d'un pied carré, est de deux mille livres. Ainsi un homme de taille ordinaire a donc très-réellement un poids de *vingt et un mille livres* sur la tête. Il semble que nous devrions en être écrasés; mais le peu d'air qui est dans notre corps, et qui se renouvelle sans cesse, suffit pour maintenir l'équilibre avec cet épouvantable fardeau qui pèse sur nous, et avec l'air qui nous environne de toutes parts. Ces deux actions s'entre-détruisent, ou plutôt elles ne sont point senties, parce qu'elles sont contrebalancées. Elles sont cependant très-réelles; en voici la preuve : quand on pompe l'air qui est dans le corps d'un animal, cet animal s'aplatit sur-le-champ sous le poids de l'air extérieur, et il meurt. Quand, au contraire, on pompe l'air qui est autour d'un animal, comme on le fait avec la machine pneumatique, l'air intérieur se dilate extrêmement, et gonfle l'animal de manière qu'il meurt également.

L'air est l'élément auquel tout ce bas univers doit sa vie, sa beauté et sa conservation. Tous les changements que nous observons sur notre globe, dans les différents êtres qu'il renferme, dépendent de l'air. Il est absolument nécessaire à la vie des animaux, à la végétation des plantes ; il sert à tenir tout en équilibre, à la formation des vapeurs, des vents et de la pluie. Le soleil ne pourrait nous fournir ni assez de chaleur, ni assez de lumière, si l'air n'entourait notre globe.

C'est par le moyen de l'air que se fait une des fonctions les plus essentielles de la vie animale, la respiration, d'où dépend le mouvement du cœur, la circulation du sang, et par conséquent notre vie. L'air introduit dans nos poumons s'y échauffe, y augmente en volume et en force expansive ; par son volume et son ressort ainsi augmentés, il pousse dans les artères le sang, qui est refoulé dans les veines par l'air extérieur. Ce sont encore les particules aériennes mélangées avec le sang et les humeurs des animaux, qui en entretiennent par leur ressort la fluidité, le mouvement et la circulation ; il doit donc souffrir et mourir, l'animal qui ne peut pas respirer en liberté un air propre à remplacer celui qui sans cesse se dissipe ou perd son ressort dans la circulation du sang et la transpiration. L'air des poumons, qui se renouvelle vingt fois par minute, trois cents fois dans un quart d'heure, sert encore par sa pression à la digestion des aliments, à la formation du chyle et du sang. La respiration, cette fonction d'où dépend notre bien-être et notre vie, et que mille et mille accidents pourraient interrompre et arrêter, est un trait sensible de Providence, c'est un bienfait signalé dont nous jouissons à chaque instant. Hélas ! pourquoi ne pas nous souvenir que c'est à Dieu que nous en sommes redevables ?

On appelle *atmosphère* cette masse d'air qui environne la terre et lui sert comme de vêtement. Sa région inférieure, c'est-à-dire celle qui est plus voisine de la terre, est pressée par l'air supérieur, et par là même elle est plus épaisse et plus dense ; c'est ce qu'éprouvent ceux qui vont sur les hautes montagnes ; leur respiration devient plus pénible à mesure qu'ils montent. Quoiqu'il ne soit pas possible de déterminer au juste la hauteur de l'atmosphère, parce qu'on ne peut pas s'élever fort haut dans l'air, on la divise en trois degrés : l'inférieur s'étend jusqu'à la hauteur où l'air n'est plus échauffé par les rayons que la terre réfléchit. Cette région est donc la plus chaude. La région moyenne commence où finit la précédente, et va jusqu'au sommet des plus hautes montagnes, ou même jusqu'aux nuées les plus élevées ; c'est dans cet espace que se forment la pluie, la grêle, la neige : cette région est beaucoup plus froide que l'inférieure, car elle n'est échauffée que par des rayons qui y tombent directement et d'aplomb. Enfin la troisième est vraisemblablement plus froide encore : elle s'étend depuis la moyenne jusqu'à l'extrémité de l'atmosphère, mais on ne saurait déterminer précisément ses limites.

Il s'élève continuellement de la terre, par l'évaporation, une infinité de particules aqueuses, terrestres, métalliques, sulfureuses, etc. Or, comme les unes abondent plus que les autres dans certaines parties de la terre, il en résulte une grande diversité dans l'air ; et cette différence, qui est très-sensible même à une petite élévation, influe beaucoup plus sur l'économie animale.

Un air pesant est beaucoup plus favorable à la santé qu'un air léger, parce que la circulation du sang et la transpiration insensible s'y font mieux. Quand l'air est pesant, il est d'ordinaire serein ; au lieu qu'un air léger est toujours accompagné de nuages, de pluie ou de neige, ce qui le rend humide. Les exhalaisons augmentent la pesanteur de l'air ; et lorsqu'elles s'élèvent par l'effet de la chaleur, l'air reste léger, nonobstant les vapeurs aqueuses dont il est rempli. Une trop grande sécheresse dessèche le corps humain et lui est très-nuisible. Un air trop humide est aussi très-malsain ; il relâche les fibres, arrête la transpiration insensible, et, s'il est chaud en même temps, dispose les humeurs à la putréfaction. La chaleur de l'air dilate tous les fluides du corps humain, et occasionne des sueurs qui assoupissent et affaiblissent. Quand l'air est trop froid, les parties solides se concentrent extrêmement, et les fluides s'épaississent, d'où résultent des obstructions et des inflammations. Le meilleur air est donc celui qui est plutôt pesant que léger, qui est médiocrement humide et déchargé de vapeurs nuisibles.

C'est à l'air que nous devons les *crépuscules* qui nous procurent de si grands avantages. Lorsque le soleil se couche, nous devrions être totalement privés de lumière, et entrer tout à coup dans la nuit la plus noire. C'est cependant ce qui n'arrive pas. Nous voyons encore le jour pendant une heure entière et souvent beaucoup plus, après que le soleil est couché ; c'est le crépuscule du soir. Un crépuscule d'aussi longue durée devance l'arrivée du soleil sur l'horizon. Nous sommes redevables de cette utile augmentation de jour à la manière dont Dieu a construit le corps de l'air. Il a mis une telle proportion entre cet air et la lumière qui y entre, que, quand elle y entre d'aplomb, rien ne dérange sa direction. Mais quand un rayon entre obliquement ou de côté dans cet air, le rayon, au lieu de traverser l'air de part en part, se courbe et descend un peu.

Ainsi, lorsque le soleil approche de notre horizon, plusieurs de ses rayons qui passent au-dessus de nous, et qui ne sont pas envoyés vers nous, rencontrent la masse d'air qui nous environne, se courbent dans cette masse, se plient vers la terre et parviennent à nos yeux, de sorte que nous voyons le jour longtemps avant que l'astre qui en est le père paraisse à découvert ; et le soir nous jouissons encore d'une partie de sa lumière, lorsque lui-même a disparu. Enfin, quand le soleil est descendu à une certaine profondeur au-dessous de notre horizon, l'air cesse, pour notre service, de rompre ses rayons et de les abaisser vers nous. C'est alors que d'épaisses ténèbres avertissent l'homme de mettre fin à son travail. Si la lune et les étoiles veillent encore pour lui fournir le secours de leurs flambeaux, la lueur en est douce, et n'est pas capable de troubler son repos.

Si l'air est un moniteur fidèle pour nous par la diversité des odeurs qu'il nous apporte, il s'acquitte encore de la même fonction par les différents sons dont il nous frappe. On peut regarder ces sons comme autant de courriers qu'il nous envoie à chaque instant pour nous dire ce qui se passe souvent à des distances considérables. Le son parcourt environ cent quatre-vingts toises dans une seconde.

Ce n'est pas tout ; il nous avertit encore de ce qui se passe dans l'esprit des autres. Différentes pensées m'occupent ; elles ne sont connues que de moi ; elles ne sont point visibles. Comment pourrai-je les communiquer à la compagnie qui me fait l'honneur de m'entendre? Je forme par les mouvements de ma langue et de mes lèvres quelques mots dont les articulations différentes sont des signes de certaines pensées. Par ce moyen, ceux qui entendent le bruit dont mes lèvres ont frappé l'air, sont informés de tout ce que j'ai dans l'esprit. Ils sont occupés des mêmes pensées, et leur cœur est touché des mêmes sentiments. C'est donc l'air qui est, pour ainsi dire, l'interprète du genre humain : il est le lien des esprits.

Sous la main du Père céleste, l'air prend toutes sortes de formes, diversifie ses fonctions pour servir à nos besoins. La mer contient l'eau, le sel volatil et l'huile qui sont nos premiers principes de la fécondité de la terre, et par conséquent les conditions de notre existence. Mais il faut les tirer de là et les disperser partout. L'air est chargé de ce soin. Comme une pompe, il élève toutes les choses et les distribue, suivant l'ordre du Créateur, sur toute la surface de la terre. Quelquefois ce zélé serviteur s'agite, il prend alors le nom de vent; il souffle violemment, il balaye, il purifie nos demeures. Sans lui les grandes villes deviendraient bientôt autant de cloaques. De plus, il nous réchauffe et nous rafraîchit tour à tour : son service est toujours accompagné d'une bienséance parfaite, puisque le transport qu'il fait de tout ce qui peut salir ou infecter n'est jamais aperçu. Mais nous ressemblons à ces maîtres bizarres et dédaigneux qui ne sentent jamais le mérite de leurs serviteurs, et qui n'en voient que les défauts. Il ne nous est peut-être jamais arrivé une seule fois de remarquer le service assidu que les vents nous rendent mille fois, et les moindres souffles de l'air ont suffi pour blesser notre délicatesse.

L'ÉCLAIRAGE AU GAZ.

—

Tout le monde connaît les immenses avantages que nous procure l'admirable invention de l'éclairage au gaz ; mais ce que peu de personnes connaissent, c'est le procédé non moins curieux de la préparation du gaz connu sous le nom d'hydrogène.

D'abord, la matière ordinaire dont on extrait ce précieux fluide, c'est le charbon de terre.

L'appareil dont on se sert consiste en une espèce de caisse carrée en fer, plus longue que large, ouverte à l'une de ses extrémités que l'on ferme avec une plaque de fer, retenue par des vis et dont tous les joints sont recouverts ou sutés avec de la terre à poêle. Le charbon destiné à produire le gaz est placé dans une espèce de caisse que l'on nomme *retorte* et qu'on ferme bien hermétiquement, c'est-à-dire bien exactement. Cette retorte est elle-même placée dans une espèce de four ou de fourneau qui l'enveloppe de toutes parts, excepté la porte par laquelle on introduit le charbon.

On fait dans le fourneau un feu réglé de manière à rougir uniformément la retorte. Alors le charbon se distille véritablement, et ses produits volatils sont conduits par un tuyau de fer dans un vase également en fer plein d'eau qu'on nomme *réfrigérant*; là, le goudron, l'huile et autres matières extraites du charbon, se condensent et sortent à l'état liquide par un tuyau particulier. Le gaz, en vertu de sa légèreté, sort par un tuyau supérieur; il entre dans un *récipient*, vase destiné à recevoir les produits d'une distillation. Ce récipient est hermétiquement fermé et rempli d'eau. Le gaz s'accumule au haut du vase, et fait baisser l'eau jusqu'à ce qu'elle descende au-dessous d'une rangée de petits trous pratiqués dans le bas du récipient, et par lesquels il s'échappe en bulles à travers l'eau qui remplit le puits où plonge le gazomètre dans lequel il s'accumule définitivement.

Le *gazomètre* est une énorme caisse de forme ordinairement cylindrique, en tôle ou en zinc, dont les parties sont parfaitement jointes ensemble pour empêcher le gaz de s'échapper. Il est entièrement ouvert par sa partie inférieure qui plonge dans l'eau et est disposé de manière à pouvoir s'élever et s'enfoncer au point d'être tout à fait caché sous l'eau. Dans cette dernière position, il est entièrement rempli d'eau; mais à mesure que le gaz y pénètre, il déplace le liquide et élève graduellement le gazomètre, qui est suspendu à des cordes passant sur des poulies tendues par des contre-poids.

L'emploi du gazomètre a pour but de régler la distribution du gaz dans les lieux d'éclairage. Avant de parvenir au gazomètre, le gaz doit traverser une masse considérable d'eau de chaux qui le dépouille de toute odeur bitumineuse ou sulfureuse. Mais, ou cette précaution est négligée dans beaucoup d'endroits, ou elle n'est qu'imparfaitement appliquée, car, lorsque le gaz s'échappe du bec sans brûler, ou qu'il se fait jour à travers les fissures des tuyaux de conduite, ce qu'on appelle fuite de gaz, il répand souvent une odeur infecte.

La forme des becs destinés à brûler le gaz est assez capricieuse; la plus usitée et la plus avantageuse est un anneau creux qui reçoit le gaz du tuyau de conduite et dont le contour est percé d'un grand nombre de petits trous en forme de couronne. Il suffit, pour allumer ce gaz, d'en approcher un corps enflammé, et la combustion dure tant que le gaz est fourni au bec par le tuyau de conduite.

On a calculé qu'un *gazomètre* d'un mètre et demi de diamètre sur environ deux mètres de haut, peut contenir à peu près trois mètres et demi cubes de gaz, et cette quantité suffit pour donner pendant 40 heures une lumière égale à celle d'un bon quinquet, ou d'entretenir pendant 5 heures huit becs qui éclaireraient autant que cent soixante de nos réverbères.

Il ne faut que dix-huit litres de bon charbon de terre pour fournir cette quantité de gaz; et encore est-on dédommagé d'une grande partie des frais par la valeur du *coke*, qui est le résidu de la distillation.

Le gaz produit par la distillation de l'huile, effectuée de la même manière, donne une flamme beaucoup plus brillante que celle du gaz extrait du charbon. En Angleterre, l'usage de ce gaz est généralement adopté comme plus avantageux sous le rapport de la beauté et de l'économie.

LA VAPEUR.

—

L'eau occupe les trois cinquièmes de la surface du globe. Aussi indispensable que l'air, elle est diversement utile, selon qu'elle se présente à l'état solide, liquide ou gazeux; elle intervient dans presque toutes les merveilles de la nature; sans elle, point de vie, de végétation ou d'industrie. A l'état gazeux, l'eau occupe 1,680 fois plus de place qu'à l'état liquide. Alors elle devient plus légère, et, dégagée des matières étrangères qui la gênent, elle s'élève dans l'air, d'où elle retombe ensuite sous forme de pluie, de neige ou de grêle.

La vapeur, appliquée aux arts et à l'industrie, est d'une utilité immense comme moteur puissant et comme véhicule d'une chaleur extrême.

Appliquée aux voies de transport par terre et par eau, elle imprime aux navires et aux wagons une telle vitesse, qu'elle semble effacer les distances et se jouer de la pesanteur.

L'idée d'employer la vapeur comme force motrice paraît très-ancienne; on la fait remonter à plus de deux mille ans; mais elle est restée stérile pendant une longue suite de siècles, et ne s'est pour ainsi dire réalisée que de nos jours. On la retrouve pour la première fois dans un ouvrage de Salomon de Caus, ingénieur distingué, né en Normandie vers la fin du XVIe siècle.

On raconte à ce sujet une anecdote assez curieuse. Un Anglais, le marquis de Worcester, visitant un jour la maison de fous de Bicêtre, aperçut, en traversant une des cours, la tête de l'un de ces malheureux, qui, se montrant derrière d'énormes barreaux, se mit à crier d'une voix toute cassée : « Je ne suis point un fou. J'ai fait une découverte qui enrichira le pays qui voudra la mettre à exécution. — Et qu'est-ce que sa découverte ? demanda le marquis au conducteur. — Ah ! dit-il en haussant les épaules, une chose bien simple et que vous ne devineriez jamais : c'est l'emploi de la vapeur d'eau bouillante. Cet homme est venu de Normandie, il y a quatre ans, pour présenter au roi un mémoire sur les effets merveilleux que l'on pourrait obtenir de son invention. A l'entendre, avec de la vapeur on ferait tourner des manéges, marcher des voitures, que sais-je ? on opérerait mille autres merveilles. Le cardinal renvoya ce fou sans l'écouter. Salomon de Caus, au lieu de se décourager, se mit à suivre partout monseigneur le cardinal, qui, las de le trouver sans cesse sur ses pas, et importuné de ses folies, ordonna de l'enfermer à Bicêtre, où il est depuis trois ans et demi, et où, comme vous l'avez pu entendre vous-même, il crie à chaque étranger qu'il n'est point un fou et qu'il a fait une découverte admirable. Il a même composé à cet égard un livre que j'ai ici. » Lord Worcester demanda ce livre, et, après en avoir lu quelques pages, il dit : « Cet homme n'est point fou, et dans mon pays, au lieu de l'enfermer, on l'aurait comblé de richesses. Menez-moi près de lui, je veux l'interroger. » On l'y conduisit. Mais il revint triste et pensif.

« Maintenant, il est bien fou, dit-il; le malheur et la captivité ont altéré à jamais sa raison ; vous l'avez rendu fou ; mais, quand vous l'avez jeté dans ce cachot, vous y avez jeté le plus grand génie de votre époque. »

Il résulte de cette relation que ce n'est point le marquis de Worcester, mais Salomon de Caus, qui aurait le premier imaginé d'employer la vapeur d'eau dans une machine hydraulique, que c'est aux Français et non aux Anglais qu'est due la gloire de cette invention.

C'est encore un Français, nommé Papin, qui combina le premier, dans une machine à vapeur et à piston, la précipitation de cette vapeur par le froid, et le premier aussi il eut la pensée d'appliquer la vapeur à la navigation.

Au moyen de ces idées, et par des perfectionnements successifs, les Anglais sont parvenus à construire ces belles machines à vapeur qui ont opéré des prodiges depuis quarante ans.

Au commencement du XIXe siècle l'Américain Fulton proposa à Napoléon d'appliquer définitivement la vapeur à la navigation. Ses idées furent repoussées alors ; mais elles ont fini par prévaloir, et personne ne peut nier aujourd'hui les ressources et les immenses avantages de leur application.

Enfin, ce fut en 1823 que le gouvernement autorisa en France la première exécution des chemins de fer. On commença par celui de Saint-Etienne à la Loire. Les Anglais exécutaient en même temps le chemin de fer de Darlington. On en compte aujourd'hui un grand nombre dans toutes les parties du monde.

Il est facile de saisir l'idée fondamentale du mécanisme de la vapeur. En effet, on comprend sans peine qu'en introduisant de la vapeur sous le piston d'une pompe, ce piston sera chassé avec force jusqu'à une certaine distance, et y sera maintenu tant que la vapeur conservera sa force élastique. Mais si la vapeur vient à se condenser par le refroidissement, elle occupera moins de place, et il se formera un vide sous le piston, qui dès lors rentrera dans la pompe, soit à cause de la pression de l'atmosphère, soit à cause de son poids. En y faisant de nouveau rentrer la vapeur, les mêmes effets se reproduisent, et il en résulte un mouvement de va-et-vient qu'on peut convertir en tout autre mouvement. Telle fut la première idée de ces machines qui ont apporté tant de perfectionnement dans les arts.

C'est au génie d'un célèbre ingénieur anglais, nommé James Watt, qu'est due l'invention du principal mécanisme qui meut la plupart des machines de ce genre. Voyant que le mécanisme dont on se servait occasionnait une grande perte de chaleur, et par conséquent une grande perte de combustible, il eut l'heureuse idée d'ajouter au corps de pompe un tuyau où la vapeur se rendait après avoir produit son effet, et recevait le jet d'eau froide qui la condensait. Le corps de pompe conservait ainsi sa chaleur.

Les perfectionnements si utiles de Watt eurent beaucoup de peine à se propager. Les fonds lui manquèrent pour l'exécution de la machine à vapeur telle qu'il l'avait conçue. Enfin, à l'aide d'hommes influents, on organisa une compagnie qui voulut bien faire les avances nécessaires. La machine fut achevée et trouvée merveilleuse par tous les hommes de l'art. Alors Watt s'engagea à remplacer les machines existantes, à condition de recevoir un tiers de l'économie obtenue sur le combustible. Cette condition lui suffit pour faire bientôt de grands bénéfices Dans les mines du pays de Cornouailles, ce tiers s'élève à 600,000 fr. par an. Ce chiffre nous donne une idée des immenses avantages de l'emploi de cette ingénieuse machine.

LA MER.

—

C'est Dieu lui-même qui donna le nom de mer à cet immense bassin où il réunit, au troisième jour de la création, les eaux inférieures, et qui occupe à peu près les deux tiers de notre globe. Après avoir entassé dans les lieux qu'elles occupent, toutes les eaux de la mer, Dieu les y enferma par une infranchissable barrière. *Tu viendras jusque-là,* lui dit-il, *mais tu n'iras pas plus loin; là, tu briseras l'orgueil de tes flots.* Et depuis six mille ans le redoutable élément respecte l'ordre du Créateur; toute la fureur de ses vagues expire sur le grain de sable que le Seigneur lui a donné pour limite.

Cependant, les eaux de la mer renfermées dans leur vaste réservoir pouvaient se corrompre et répandre des vapeurs malignes qui auraient rendu la terre inhabitable. La sagesse du Créateur a prévu cet inconvénient. Le même Dieu qui a défendu à la mer de ne jamais sortir de son lit, lui a ordonné en même temps d'être dans un mouvement continuel; et la mer obéissante pousse chaque jour, pendant six heures, toutes ses eaux, du milieu vers les extrémités, et chaque jour aussi elle les rappelle des extrémités vers le milieu, également pendant six heures. Depuis six mille ans, elle n'y a pas manqué une seule fois. Ce mouvement s'appelle le flux et le reflux. Il est commun à toutes les mers. S'il est plus sensible dans l'Océan qu'ailleurs, c'est qu'il est plus nécessaire, parce que la quantité d'eau est plus grande. Ainsi ce mouvement a pour but d'empêcher les eaux de la mer de croupir et de s'infecter par un trop grand repos. A la vérité, les vents contribuent aussi à les assainir; mais comme il règne souvent un grand calme sur les eaux, il pourrait en résulter une putréfaction dans le bassin de la mer, qui est le réceptacle où toutes les balayures de la terre vont se rendre. Aux secousses des vents qui sont irrégulières et interrompues Dieu a donc joint les allées et les venues journalières du flux et du reflux, pour empêcher les dépôts nuisibles. Et, bien loin que ces balayures de terres que les fleuves charrient à la mer puissent s'y multiplier et causer la moindre infection, le mouvement perpétuel de l'eau qui monte et qui descend, les disperse, les atténue et les amène à la surface, d'où elles s'élèvent par l'évaporation et se convertissent pour nous en rosée, en pluie, en verdure, en fleurs et en aliments.

Un autre service des marées, c'est de repousser l'eau des fleuves, de la faire remonter bien avant dans les terres, et d'en rendre le lit assez profond pour pouvoir amener jusqu'aux portes des grandes villes les énormes chargements de marchandises étrangères, dont le transport leur serait impraticable sans ce secours. Les vaisseaux attendent quelque temps ces crues d'eau, et ils en profitent pour arriver à la rade sans toucher le fond, ou pour entrer dans le lit des rivières sans danger. Après ce service important, les marées diminuent, et, laissant rentrer la rivière dans ses bords, elles facilitent à ceux qui les habitent la jouissance des commodités qu'ils tirent de son cours ordinaire.

Une seconde cause qui empêche les eaux de la mer de se corrompre, c'est leur salure. Pour entretenir efficacement la mer dans sa pureté, le flux et reflux y disperse tous les jours, d'un bout à l'autre, le sel dont elle est pleine. Sans ce mouvement non interrompu, le sel se précipiterait promptement au fond ; s'il en était ainsi, la mer nous infecterait par une puanteur insupportable, et elle ne nourrirait plus ses poissons, dont nous admirons également le nombre et la délicatesse. Mais la sagesse créatrice a tout prévu et tout fait avec nombre, poids et mesure.

En voici une nouvelle preuve. Le sel a une force terrible pour ronger les corps. Pour contrebalancer cette force, Dieu a rendu l'eau de la mer huileuse et bitumineuse, afin qu'elle déposât toujours sur son fond une glu qui l'empêche de pénétrer les terres, de les ronger et de les mettre en bouillie.

Cette salure de la mer, qui nous intéresse déjà si fort par la conservation de ses eaux et par l'entretien des poissons, nous procure encore deux autres avantages également importants : d'abord les plus petites parties du sel marin deviennent volatiles, et, s'élevant dans l'air avec les vapeurs, elles sont pour toute la terre un des principes les plus actifs de la végétation. En second lieu, les parties salines les plus lourdes résistent à la chaleur et à l'air qui font évaporer les eaux, ce qui fixe la mesure de l'évaporation ; nous sommes donc redevables à la salure de la mer de la juste quantité d'eau douce que le soleil en enlève pour nos besoins. Sans la résistance de ces sels, il élèverait une plus grande masse de vapeurs qui inonderait la terre au lieu de la fertiliser. Nous aurions la moitié, le tiers de plus de pluies, de fleuves, d'étangs, et la terre serait un véritable marais. Ainsi, on peut dire que si l'eau de la mer n'était pas salée, nous mourrions de faim.

Cette juste proportion se trouve également dans l'étendue de la mer. Il semble, au premier aspect, qu'il serait plus avantageux que le Créateur eût converti en terre ferme cet immense espace occupé par l'eau, c'est-à-dire, par la mer, les lacs et les fleuves. Mais si l'océan se trouvait réduit seulement à la moitié de ce qu'il est, il ne pourrait fournir que la moitié des vapeurs qu'il exhale, dès lors nous n'aurions plus que la moitié de nos fleuves et la moitié de nos pluies ; la terre ne serait pas suffisamment arrosée. La mer a donc été établie le réservoir général des eaux, afin que la chaleur du soleil en attirât la quantité de vapeurs suffisante pour retomber en pluie sur toutes les campagnes et pour devenir la source des ruisseaux et des rivières. Si l'étendue de la mer était plus resserrée, il y aurait beaucoup plus de déserts et de contrées arides, parce qu'il tomberait moins de pluie et qu'il y aurait moins de fleuves.

De plus, que deviendraient les avantages que nous retirons du commerce, si ce grand amas d'eau n'existait pas ? Dieu n'a pas eu dessein qu'une partie du globe se trouvât totalement indépendante et séparée des autres ; au contraire, il a voulu qu'il y eût des relations entre tous les peuples, et c'est la mer qui les rend possibles. Comment pourrions-nous acquérir nos richesses et nos trésors, rendre toutes les parties du monde tributaires de nos besoins ou de nos plaisirs, sans le secours de la navigation?

Ainsi, loin que la mer soit un moyen établi pour tenir les nations séparées et les renfermer dans certaines bornes, c'est au contraire un moyen que Dieu a préparé pour unir tous les hommes, pour les dédommager de ce qu'il leur a refusé, et faciliter le transport des marchandises qui aurait été impraticable sans ce secours.

Quels précieux avantages ne nous procure pas la navigation! C'est à elle que nous devons directement ou indirectement une grande partie des choses nécessaires à notre subsistance. Les aromates et les médicaments, les étoffes, les couleurs, les fruits qui nous viennent des pays étrangers, nous manqueraient, ou du moins nous ne pourrions nous les procurer qu'avec beaucoup de peines et de dépenses, si les vaisseaux ne les amenaient dans nos ports. Que vous seriez à plaindre, si vous étiez obligé de faire venir par terre toutes les choses dont vous avez besoin! Le calcul suivant va vous le faire sentir.

Un vaisseau porte jusqu'à un million deux cent mille livres. Or, en comptant deux mille livres pour chaque cheval, il faudrait, pour transporter cette charge, six cents chevaux ou trois cents chariots à deux chevaux. Enfin, un dernier bienfait de la navigation, par conséquent un dernier service de la mer, c'est la propagation de l'Evangile jusqu'aux nations les plus éloignées. Sans le secours de l'océan, que traversent, avec la rapidité de l'éclair, les apôtres de la bonne nouvelle, combien de peuples, aujourd'hui civilisés et chrétiens, qui seraient encore assis dans les ombres de la barbarie et du paganisme!

LES POISSONS.

—

Rien de plus merveilleux, rien qui manifeste plus la puissance et la sagesse infinies du Créateur, que cette multitude innombrable d'habitants que l'Océan renferme dans ses abîmes. Les eaux de la mer sont remplies d'amertume et de sel; elles sont donc naturellement stériles. Comment se fait-il qu'elles enfantent tout à coup un nombre prodigieux d'êtres vivants et animés? Comment se fait-il qu'au milieu de ces eaux si chargées de sel, que notre langue ne peut en supporter la moindre goutte, les poissons vivent et jouissent d'une santé parfaite et d'une vigueur étonnante? Voilà des choses qui paraissent impossibles et que nous ne pouvons cependant désavouer. A chaque pas, nous nous apercevons que, dans la nature comme dans la religion, Dieu nous oblige à croire comme certain ce qu'il ne juge pas à propos de nous faire comprendre.

Quoi de plus merveilleux que la conservation des poissons au sein de la mer! Tous les animaux qui peuplent les airs, qui courent et qui rampent sur la terre, ceux même qui habitent dans ses entrailles, ont cela de commun qu'ils respirent l'air; sans air, ils mourraient sur-le-champ. Si vous les plongez dans l'eau pendant quelque temps, ils périssent. Cependant l'eau a ses habitants: ils vivent dans son sein, et périssent lorsque vous les tirez de l'élément qui leur a été assigné. Mais comment le sang des poissons, car ils ont du sang, peut-il circuler? Comment n'est-il pas gelé ou épaissi par le grand froid des eaux? Comment peuvent-ils vivre sous des montagnes de glaces? Les animaux de la terre ont des plumes, ou un duvet délicat, ou de bonnes fourrures pour se défendre du froid. On ne trouve rien de semblable chez les poissons. Qu'ont-ils donc pour résister à un élément encore plus froid que l'air? Le Créateur a, par dehors, enduit d'une certaine colle le corps du poisson, qui est recouvert ensuite de fortes écailles bien serrées, bien unies, et disposées comme les ardoises qui couvrent nos habitations. Par-dessous, se trouve une espèce de graisse huileuse qui s'étend sur tout le corps. Cette écaille, par sa dureté, empêche d'abord le poisson de se blesser contre les graviers ou les cailloux; ensuite cette écaille et cette huile, par leur opposition avec l'eau, conservent au poisson sa chaleur et sa vie. On ne pouvait lui donner une robe qui fût à la fois plus légère et plus imperméable.

Mais comment vont vivre ces nombreux habitants des mers, puisqu'ils ne peuvent sortir de l'eau, où il ne croît rien, pour venir chercher sur la terre les biens dont elle est couverte? Dieu les a créés si voraces, qu'ils se mangent les uns les autres; et pour que ce nouveau peuple ne soit point détruit, Dieu l'a multiplié d'une manière si prodigieuse, que ce qui se détruit est toujours fort au-dessous de ce qui sert à renouveler. Les poissons sont les plus féconds des animaux. On a trouvé que le brochet a plus de trois cent mille œufs, une carpe au delà de deux cent mille, et le maquereau près d'un demi-million. Un des poissons qui multiplient le plus, c'est le hareng : on en voit chaque année, à un temps déterminé, des armées innombrables partir du Nord et venir inonder les côtes de la Hollande et de l'Angleterre. Les Hollandais seuls pêchent, chaque année, plus de deux cent millions de harengs.

Mais, du moins, la race des petits sera bientôt anéantie par les grands qui les regardent comme leur proie et qui leur donnent continuellement la chasse : d'autant plus que dans les plaines de l'océan, il n'y a ni barrière, ni rempart. Ici, comme ailleurs, le Seigneur est venu au secours des faibles et des petits. Il a fait les petits poissons plus agiles à la course que les grands. Ils s'approchent des lieux où l'eau basse ne permet pas à leurs ennemis d'arriver : Dieu leur a donné une prévoyance proportionnée à leur faiblesse et à leurs dangers. Mais alors de quoi se nourriront ces poissons monstrueux qui habitent la haute mer? C'est un secret que Dieu s'est réservé. Le fait est qu'ils vivent et qu'ils reçoivent chaque jour la nourriture dont ils ont besoin.

Les animaux aquatiques ne sont pas aussi variés dans leurs espèces que les animaux terrestres, mais ils les surpassent par leur taille, et leur vie est plus longue que celle des habitants de la terre et des airs. L'éléphant et l'autruche sont petits en comparaison de la baleine. Cet animal, qui est comme le souverain des mers, a jusqu'à deux cents pieds de long ; il est d'une grosseur monstrueuse ; ses os, semblables à de longs arbres, servent à construire des bateaux ; sa graisse fournit jusqu'à trois cents barils d'huile ; sa tête a jusqu'à soixante-dix pieds de long, et sa gueule vingt pieds d'ouverture. Sa queue est assez forte pour renverser d'un seul coup un vaisseau de haut bord ; cependant, malgré son excessive dimension, il fend les eaux avec une extrême vitesse. La baleine n'a point de dents, mais de grandes barbes de douze à quinze pieds de long placées entre ses mâchoires. C'est de ces barbes coupées par flèches que se font ces lames fortes et plientes qu'on vend chez les marchands sous le nom de baleine et qui servent à une foule d'usages. Elle vit aussi longtemps que le chêne ; il n'est aucun animal terrestre dont la durée puisse être comparée à la sienne. On a vu, il y a quelques années, à Ostende, vingt-quatre musiciens donner un concert dans les flancs d'une baleine. Selon quelques relations, le croker, espèce d'écrevisse qui se trouve dans les mers septentrionales, surpasse encore la baleine en grandeur. Sa circonférence est d'une demi-lieue d'Allemagne.

Un des poissons les plus singuliers, un des êtres les plus extraordinaires qui existent, c'est l'écrevisse. Un animal dont la peau est une pierre, qu'il rejette tous les ans pour revêtir une nouvelle cuirasse ; un animal dont la chair est dans la queue et dans les pieds, et dont le poil se trouve dans l'intérieur de la poitrine ; qui a son estomac dans la tête, et qui chaque année en reçoit un nouveau, dont la première fonction est de digérer l'ancien ; un animal qui porte ses œufs dans l'intérieur du corps lorsqu'ils ne sont pas fécondés, mais qui, après leur fécondation, les porte extérieurement sous la queue ; qui quelquefois a deux pierres dans l'estomac, où elles sont affermies et prennent des accroissements ; un animal qui se défait de ses jambes lorsqu'elles l'incommodent, et qui les remplace par d'autres ; un animal, enfin, dont les yeux sont placés sur de longues cornes mobiles. Un être aussi singulier restera longtemps encore un mystère pour l'esprit humain; il nous fournit, au moins, de nouveaux sujets de reconnaître et d'adorer la puissance et la sagesse du Créateur.

Les baleines et tous les grands poissons dont la vue alarmerait et ferait fuir ceux qui nous nourrissent, cherchent la haute mer, de crainte d'échouer sur les côtes où ils pourraient manquer d'une quantité suffisante d'eau pour les soutenir. La main invisible qui les a tirés du néant, les pousse vers les parties que les autres abandonnent. Elle les y envoie pour être la ressource des habitants de ces tristes contrées. Ils en mangent la chair, ils en brûlent l'huile pendant leurs longues nuits, ils en emploient les os et la peau pour construire et recouvrir les grandes barques dans lesquelles ils font leurs pêches.

Toutes les autres espèces, au contraire, viennent se ranger sur nos côtes. Les uns sont toujours avec nous; d'autres viennent tous les ans par caravanes. A une certaine saison, ces poissons de passage fuient devant la baleine et viennent se jeter sur nos côtes. La marche de ces nuées de poissons est animée par la crainte de l'ennemi et par l'appât des insectes dont ils vivent sur nos rivages; c'est une manne qu'ils viennent recueillir fidèlement. Quand ils ont tout enlevé durant l'été et l'automne, on croit que les restes de ces armées s'en retournent, en hiver, jusque sous le pôle, où ils donnent naissance à de nouvelles générations qui viendront nous visiter l'année suivante.

Il est d'autres poissons, tels que les saumons, les aloses, et autres des meilleures espèces, qui entrent avec empressement dans l'embouchure des rivières et les remontent jusqu'à la source, afin de communiquer les avantages de la mer aux pays qui en sont le plus éloignés.

Les testacés ou animaux à coquille vivent pour la plupart dans l'eau, et surtout dans la mer, tantôt près du rivage, tantôt en pleine mer. Ils habitent dans des maisons de substance calcaire et que l'on peut regarder comme leurs os. Les testacés forment deux grandes familles : les moules, dont les coquilles sont de plusieurs pièces, et les limaçons, dont la coquille, ordinairement spirale, n'a qu'une seule pièce. La structure des premières est beaucoup plus simple que celle des autres. Les moules n'ont ni têtes, ni cornes, ni mâchoires. On ne distingue en elles que des trachées, une bouche et quelquefois un pied. La plupart des limaçons, au contraire, ont une tête, des cornes, des yeux, une bouche et un pied. Les testacés naissent déjà environnés de leur coquille. Mais, à mesure que l'animal croît, sa maison, dont les parois intérieures sont tapissées d'une membrane très-fine, s'agrandit aussi. Les coquilles se forment d'une liqueur visqueuse qui sort de l'animal par la respiration et qui s'épaissit et se durcit peu à peu. Parmi les coquillages, les uns sont carnassiers, les autres se nourrissent de plantes. Plusieurs se tiennent au fond de la mer, ou adhèrent à des rochers et y restent immobiles. Les huîtres et plusieurs autres animaux à écailles dures s'attachent à différents corps et y tiennent fortement au moyen d'une espèce de glu ou de liqueur pierreuse, et souvent ils sont entassés et collés les uns sur les autres. Quoique la science n'ait pas encore pu découvrir la vraie structure, le genre de vie et le but de leur existence, on ne saurait disconvenir que ces créatures ne portent, chacune à sa manière, l'empreinte de la majesté du Seigneur. Il ne faut, pour en être frappé, qu'entrer dans les cabinets où l'on conserve les coquilles de ces animaux, et considérer la prodigieuse diversité qu'ils nous offrent, soit dans leur grandeur, soit dans leurs formes, soit dans la richesse et la beauté de leurs couleurs.

LES PLANTES.

—

La terre, notre mère nourricière, était, au moment de la création, nue, sèche et stérile. Dieu la montra telle qu'elle est de son propre fond, afin que ceux qui seraient un jour tentés de la regarder comme l'origine de tous les biens qui la parent et qui l'embellissent, se souviennent de sa première indigence. Cependant Dieu s'empresse de lui donner une robe digne de sa magnificence et de sa bonté. Il dit : *Que la terre produise de l'herbe verte;* et à l'instant, une superbe parure couvrit la terre. Parure immortelle, aussi éclatante, aussi agréable à voir, après six mille ans, qu'au premier jour où la terre en fut ornée.

La première chose qui frappe, c'est le choix que Dieu a fait de la couleur verte pour le vêtement de la terre. Le vert naissant a une telle proportion avec les yeux, qu'on voit bien que c'est la même main qui a coloré la nature, et qui forma l'œil de l'homme pour en être le spectateur. S'il eût teint en blanc ou en rouge les campagnes, qui aurait pu en soutenir l'éclat et la dureté? S'il les eût obscurcies par des couleurs plus sombres, qui aurait pu faire ses délices d'une vue si triste et si lugubre?

Une agréable verdure tient le milieu entre ces deux extrémités; elle a un tel rapport avec la structure de l'œil, qu'au lieu de l'offenser et de le fatiguer, elle le récrée et le réjouit; ce qu'il y a de plus remarquable, c'est qu'il se trouve dans cette seule couleur une telle diversité, qu'il n'y a pas une plante dont le vert soit exactement semblable à celui de la plante voisine. Ces gracieuses nuances ôtent la monotonie, et attestent la richesse du pinceau et l'habileté du peintre divin qui a décoré la nature. Tant de sagesse et de bonté ne disent-elles rien à notre cœur? Ne nous imposent-elles aucun devoir?

En créant l'herbe, cette gracieuse parure de la nature, Dieu lui a communiqué une espèce d'immortalité. En effet, l'herbe ne demande ni labour, ni semailles; elle croît et se perpétue indépendamment de nos soins. Combien seraient tristes et arides nos pâturages et nos prairies, si nous étions chargés de jeter en terre les graines des herbes, et d'arroser ensuite ce que nos mains auraient semé et planté? Notre Père céleste nous a dispensés de ce soin. Voyez comme lui-même s'en acquitte. Quel nombre infini de plantes il cultive pour les plaisirs ou les besoins de ses enfants!

Mais pourquoi le Créateur a-t-il multiplié d'une manière si prodigieuse les productions du règne végétal? C'est d'abord pour notre nourriture et notre santé; c'est ensuite pour la subsistance des bêtes qui nous servent. Les prairies sont comme les magasins des animaux. Ce n'est pas seulement dans le nombre des plantes que brille la magnificence de notre Père céleste, c'est encore dans leur étonnante fécondité. Une seule en peut produire des milliers et même des milliards. Une tige de tabac donne jusqu'à quarante mille graines. Un orme de douze ans donne souvent cinq mille graines de semence. Quel nombre prodigieux n'en résultera-t-il pas dans quelques années ! Quand on songe qu'il en est de même, proportion gardée, des autres plantes, on est vraiment surpris que la terre n'ait pas encore été consumée par les plantes.

Admirez ici une des plus belles harmonies de la création et la sagesse infinie du Créateur. Si la multiplication des plantes était moins considérable, un grand nombre d'animaux mourraient de faim; d'un autre côté, si les animaux se multipliaient davantage, les plantes se consumeraient bientôt, et plusieurs espèces d'animaux disparaîtraient entièrement. Mais, grâce aux rapports établis entre le règne végétal et le règne animal, les habitants de l'un et de l'autre se multiplient dans une juste proportion et sans qu'aucune espèce périsse.

Examinons de près la formation, la structure d'une plante; rien de plus propre à exciter notre admiration et notre confiance en Dieu. Dans toutes les plantes on distingue quatre parties : la racine, la tige, la feuille, la graine ou le fruit. Une graine tombe sur la terre; ne craignez rien, elle ne périra pas ; Dieu veille sur cette petite créature, comme il veille sur le monde entier. Suivons les opérations du divin agriculteur. Il commence par recouvrir la graine d'une couche de terre qui n'est pas trop épaisse, afin de ne pas l'étouffer, mais qui est suffisante pour la mettre à l'abri du froid qui pourrait la geler, de la chaleur qui pourrait la brûler, du vent qui pourrait l'enlever, des oiseaux qui pourraient la manger. Voyez maintenant ce qui arrive; il appelle la chaleur et l'humidité qui font gonfler le grain. Son enveloppe éclate, et vous en voyez sortir deux petits germes ; l'un monte, l'autre descend : celui qui monte, c'est la tige ; celui qui descend, c'est la racine de la plante. Qui a dit à ces deux germes de se diviser et de prendre chacun une direction si différente ? Suivons-les dans leur développement.

La racine a pour but : 1° de fixer la plante, afin qu'elle ne tombe pas sur la terre, dont la trop grande humidité la ferait périr, et afin qu'elle ne soit pas emportée par les vents ; 2° de procurer à la tige une partie de sa nourriture. Voilà pourquoi la racine est percée par le milieu. C'est par ce petit canal que montent, attirés par la chaleur, les sucs qu'elle puise dans la terre. Mais ici quels dangers ? Tous les sucs dont la terre est remplie ne conviennent pas à chaque plante, et il y en a des milliers d'espèces. Ne craignez rien, la racine ne s'y trompera pas, elle ne choisira que ceux qui lui conviennent. Qui lui a appris à les distinguer ? Quelquefois les sucs convenables à la plante ne se trouvent qu'à quelque distance ; comment fera la racine ? Rassurez-vous. Conduite par la main de la Providence, la racine s'allonge, envoie à droite, à gauche, de petits filaments pour sonder la terre, essayer les sucs et donner des nouvelles de leur qualité. Ici, nouvelle difficulté : la racine est séparée des sucs convenables par une pierre ou par un petit fossé ; quel parti va-t-elle prendre ? La fidèle nourricière ne s'épouvante pas, et la voilà qui se détourne habilement de la pierre ou qui franchit hardiment le fossé.

En passant par la racine, les sucs se préparent et se purifient comme les substances qu'on fait passer à l'alambic, ou comme les aliments que la mère triture, adoucit, imprègne d'une salive digestive, avant de les mettre dans la bouche de son petit. Entre la racine et la tige est déposé un levain qui, se mêlant aux sucs, leur communique les qualités propres de la plante, et c'est de là que vient dans les fruits la diversité des goûts.

A mesure que la racine s'enfonce dans la terre, la tige s'élève vers le ciel. La tige est percée d'une foule de petits canaux, par lesquels montent et descendent les sucs nourriciers transmis par la racine. C'est ainsi qu'il y a dans notre corps une foule de veines dans lesquelles le sang circule continuellement et entretient notre vie. La tige sortie de la terre se noue ; ces nœuds servent d'abord à l'affermir et ensuite à purifier de plus en plus les sucs qu'apportent les racines. Ce sont de petits alambics placés l'un au-dessus de l'autre et qui ne laissent passer que ce qu'il y a de plus fin et de plus délicat. Mais en devenant plus forte, la tige a besoin de sucs plus abondants, comme l'enfant qui grandit demande une plus grande quantité de nourriture. La racine, qui est la nourrice de la tige, court donc risque de s'épuiser, et la tige de mourir de faim. Dieu va venir au secours de son ouvrage : c'est par le moyen des feuilles.

De cette tige se détache une petite peau qui se développe insensiblement ; c'est la feuille. Le côté de la feuille qui regarde le soleil est lisse et luisant. C'est afin de s'échauffer plus facilement aux rayons du soleil et de servir de petit réverbère pour communiquer à la tige une chaleur qui la conserve, qui la dilate, qui active la circulation des sucs et les purifie. Le côté de la feuille qui regarde la terre est raboteux et couvert de petits poils, percés par le milieu ; c'est pour pomper l'air environnant, ainsi que toutes les vapeurs qui s'élèvent de la terre, et de les introduire dans la tige pour la nourrir. Aussi habiles que la racine, les petits poils de la feuille n'admettent que les parties d'air et les vapeurs qui conviennent. C'est encore par les pores de ces poils que la tige rejette, comme une transpiration, les sucs abondants ou épuisés.

Quand la tige est parvenue à la hauteur et à la force convenables, on voit se former à sa partie supérieure un petit bouton. Ce bouton renferme tout ce qu'il y a de plus précieux dans la plante. Aussi voyez les soins tendres et multipliés dont la Providence l'environne. Elle le couvre d'abord de trois ou quatre enveloppes bien unies, bien serrées, afin de la protéger contre le froid, la chaleur, les insectes, les vents et la pluie. La première de ces enveloppes est plus douce et offre plus de résistance ; la seconde surpasse en finesse et en beauté la mousseline et la soie ; enfin la troisième, qui touche à la graine, n'a rien qui lui soit comparable pour la délicatesse et la douceur. Elle est faite ainsi pour ne pas blesser la petite créature qu'elle renferme. A mesure que ce germe précieux grossit, les enveloppes s'élargissent ; enfin elles s'ouvrent, mais non pas entièrement ni tout d'un coup, afin de ne pas exposer le petit nourrisson au danger de périr. Quand il est assez fort, tous ces tendres duvets sont écartés ainsi qu'on écarte les langes qui emmaillotent un enfant.

Ce germe précieux est destiné à donner naissance à de nouvelles plantes ; mais cette nouvelle naissance sera accompagnée d'une joie et d'une magnificence inexprimables. Lorsque l'enfant d'un roi vient au monde, on le reçoit dans un berceau doré, on le place dans des appartements richement décorés. Voilà ce que fait le bon Dieu pour l'enfant ou le fruit de la moindre plante. Des feuilles d'une douceur, d'une finesse, d'un moelleux inimitables, peintes des couleurs les plus belles, les plus variées, les plus agréables, lui servent de langes et de berceau. Autour de lui s'exhale le parfum le plus suave ; c'est au milieu de cette demeure plus riche que le Louvre des rois, qu'il naît et qu'il grandit. Examinez tout cela de près ; et si vous pouvez, défendez à vos lèvres de dire avec le divin Sauveur : « Je vous assure que Salomon, dans toute sa magnificence, ne fut jamais si richement habillé, si royalement logé. »

Quand de nouvelles graines sont assez formées pour devenir à leur tour mères de nouvelles plantes, la tige qui les porte baisse la tête ; elle dit à Dieu : Ma tâche est remplie. La graine tombe à terre ; alors commence pour la formation d'autres plantes, l'admirable travail que nous venons de décrire. Si la plante doit se propager au loin, Dieu donne des plumes à la graine ; et quand elle est prête à partir, il commande aux vents de venir la prendre sur leurs ailes : les vents obéissent ; et, transportée par ces fidèles messagers, la graine va se reposer dans les lieux que la Providence lui a désignés. Quel monde de merveilles dans cette herbe que nous foulons aux pieds !

Une chose frappante dans le règne végétal, c'est la grande variété que l'on remarque entre les plantes. Elles sont diversifiées à l'infini et dans leur structure et dans leurs propriétés. Certaines plantes qu'on appelle *som-*

meillantes prennent, aux approches de la nuit, une situation différente de celle qu'elles avaient pendant le jour; d'autres se tournent vers le soleil ; quelques-unes se retirent et se contractent, quand on les touche. Il y a des fleurs qui s'ouvrent et se referment selon le temps qu'il fait, ou à certaines heures marquées ; il y en a qui poussent, fleurissent, donnent plus tôt du fruit que d'autres. Les plantes diffèrent aussi relativement aux lieux où elles croissent de préférence. Toutes sont originairement sauvages, c'est-à-dire qu'elles viennent d'elles-mêmes et sans culture.

On a découvert en Cochinchine une plante tout à fait curieuse par ses mouvements. Ses feuilles rondes sont garnies tout autour d'une multitude de crénelures extrêmement irritables. Lorsqu'un insecte se hasarde à ramper sur la face supérieure de la feuille, elle se replie, se contracte et renferme l'insecte jusqu'à ce qu'il soit mort : alors la feuille se rouvre d'elle-même.

Le Créateur a assigné aux plantes un climat convenable à leur nature et à leurs fins, et où elles peuvent mieux parvenir à leur perfection. Mais celles qui sont exotiques peuvent être naturalisées parmi nous et y réussir très-bien, pourvu qu'on ait soin de leur procurer un degré de chaleur conforme à leur nature. Mais ce qui étonne surtout nos yeux, ce sont les formes si variées des plantes ; que l'on compare les plantes les plus parfaites avec celles qui le sont le moins, ou que l'on compare seulement les diverses espèces de la même classe, on ne pourra qu'admirer l'étonnante variété des modèles d'après lesquels la nature travaille dans le règne végétal. Avec quelle surprise ne passons-nous pas de la truffe à la sensitive, du champignon à l'œillet, de la mousse au fraisier, de la morille au lierre, du lierre au sapin ! Quelle étonnante diversité dans la famille si nombreuse des champignons, des plantes à tuyaux, des plantes rampantes ! De tant de milliers de plantes qui couvrent la surface de la terre, pas une qui n'ait son caractère distinctif, ses propriétés particulières. Quelles richesses inépuisables ne découvre-t-on pas dans leurs formes, leurs couleurs, leurs proportions !

Tous nos blés et un grand nombre de nos légumes tirent leur origine des pays étrangers et d'ordinaire plus chauds que le nôtre. La plupart viennent d'Italie, qui les avait reçus des Grecs, et ceux-ci de l'Orient. Lorsque l'Amérique fut découverte, on y trouva une multitude de plantes et de fleurs inconnues jusqu'alors, et on les transplanta en Europe, où elles réussirent très-bien. Le seigle et le froment sont indigènes dans la petite Tartarie et la Sibérie. L'orge et l'avoine ne sont pas non plus indigènes dans notre climat. Le riz est une production de l'Ethiopie. Le blé sarrasin est originaire d'Asie. La plupart de nos herbages et de nos légumes ont une semblable origine. Le choux-fleur nous vient de Chypre ; l'asperge, d'Asie. L'ail est une plante d'Orient. Le raifort vient de la Chine. Nous devons les citrouilles à l'Astracan, les lentilles à la France, la pomme de terre au Brésil. Les Espagnols trouvèrent le tabac à Tabago en Amérique. Ainsi, il y a une transmigration universelle sur la terre ; les hommes, les animaux et les végétaux se transplantent et passent d'une région à une autre.

LES ARBRES.

« Que la terre produise des arbres fruitiers qui portent des fleurs, chacun selon son espèce, et qui renferment leur semence en eux-mêmes pour se reproduire sur la terre. » A cette parole du Créateur, la terre, qui n'était encore qu'une prairie et un jardin potager, devient un immense verger, planté de toutes sortes d'arbres chargés de fruits de mille espèces dont les uns doivent succéder aux autres, suivant les saisons. O hommes, ouvrez les yeux, les yeux de votre cœur, et voyez encore ici la sagesse et la bonté de votre Père céleste. Quelle source de jouissances dans cette prodigieuse variété de fruits qui se succèdent naturellement, ou que l'on fait conserver pendant l'année tout entière ! Entre les arbres fruitiers, il y en a qui ne portent des fruits que dans une seule saison, d'autres en deux saisons différentes. Enfin, il en est qui unissent ensemble et les saisons et les années même : les orangers, par exemple, portent tout à la fois des fleurs naissantes, des fruits verts et des fruits mûrs. Dieu l'a fait ainsi pour plusieurs raisons qui sont toutes à notre avantage. D'abord, il nous instruit en nous montrant la souveraine liberté avec laquelle il peut à son gré diversifier les lois de la nature, et en tout temps et de toutes choses, faire également ce qui lui plaît. Ensuite il parle à notre cœur. Cet arbre dont les branches sont courbées jusqu'à terre sous le poids de fruits excellents, et dont l'abondance étonne l'imagination, ne semble-t-il pas nous dire par cette pompe qu'il étale à nos yeux : Apprenez de moi la bonté et la magnificence de celui qui m'a formé pour vous. Ce n'est ni pour lui ni pour moi que je suis riche. Lui n'a besoin de rien, et moi je ne saurais user de ce qu'il m'a donné. Bénissez-le et déchargez-moi. Rendez-lui grâce ; et puisqu'il m'a rendu le ministre de vos délices, devenez celui de ma reconnaissance.

De toutes parts, ne vous semble-t-il pas entendre les mêmes invitations ? A chaque pas c'est une espèce nouvelle ! Ici, le fruit est caché en dedans, la noix ; là, c'est l'amande qui est intérieure, la pêche, tandis qu'une chair délicate brille au dehors des plus vives couleurs.

Une nouvelle preuve de la sagesse de Dieu, ce sont les rapports des arbres fruitiers avec les climats et les saisons. Ainsi les fruits acides seront plus ordinaires dans les pays chauds, où ils sont plus nécessaires ; les citrons, par exemple. Les fruits d'un goût plus doux et plus diversifié, seront plus abondants où la chaleur est plus modérée : les pommes, les poires, etc. Il en est de même des autres fruits que nous donnent les arbrisseaux et les plantes. Ils sont tous dans une harmonie parfaite avec le climat et les saisons.

Pourquoi viennent-ils s'offrir à nous pendant la chaleur de l'été et de l'automne ? C'est que notre sang, échauffé par le soleil ou le travail, a besoin de rafraîchissement. Admirez donc cette tendre sollicitude de notre Père céleste. Dès le mois de juin, il nous fournit des framboises, des groseilles, des cerises. Le mois de juillet garnit nos tables de cerises, de pêches, d'abricots et de quelques espèces de poires. Le mois d'août semble moins donner que prodiguer ses fruits, les figues, les cerises tardives, et une foule d'excellentes poires. Le mois de septembre nous pourvoit déjà de quelques raisins, de poires d'automne et de pommes. Les présents du mois d'octobre sont diverses sortes de poires, de pommes, et le fruit délicieux de la vigne.

C'est avec cette sage économie que ce bon Père nous départit ses dons, d'un côté, afin que leur trop grande abondance ne nous soit point à charge, et de l'autre, afin de nous procurer une longue suite de jouissances variées. Et ce n'est pas seulement pour servir au luxe des riches, c'est aussi pour satisfaire aux besoins des pauvres, que Dieu a si prodigieusement multiplié les fruits; c'est pour eux un moyen de subsistance peu coûteux, salubre et si agréable, qu'ils n'ont aucun sujet d'envier aux riches leurs mets recherchés et si souvent nuisibles. Nouvelle attention de la Providence au sujet des arbres fruitiers. Ces arbres ne s'élèvent jamais à une grande hauteur. Le but du Créateur est évident; où en serions-nous s'il fallait cueillir les pommes ou les pêches sur des arbres aussi élancés que les pins ou les peupliers?

La parole créatrice n'exprime que des arbres fruitiers. C'est qu'en effet tout arbre porte du fruit. Mais nous appelons arbres fruitiers ceux dont les fruits servent à notre nourriture. Les autres arbres ont également leur utilité. D'abord, leurs fruits servent pour certains médicaments, ou pour la nourriture d'une foule d'oiseaux et d'insectes utiles à nos besoins; ensuite, à combien d'usages ne sert pas leur bois! C'est aux arbres que nous devons nos vaisseaux, nos maisons, notre chauffage, mille meubles et mille ustensiles nécessaires et commodes.

L'arbre contient la principale matière ou l'aliment le plus naturel du feu, sans lequel nous ne pourrions ni apprêter nos nourritures les plus communes, ni fabriquer les choses les plus nécessaires, ni conserver notre santé.

Ces arbres sont encore des prédicateurs éloquents de la sagesse et de la bonté du Créateur. Ceux qui sont pleins de résine et de poix, sont réservés pour les montagnes longtemps couvertes de neiges, comme les pins, les sapins. L'humeur chaude et gluante qui leur tient lieu de sève, les garantit de la rigueur du froid. Conservant toujours leur verdure, ils sont un signe de l'immortalité, comme ceux qui se dépouillent l'hiver, pour se revêtir au printemps, sont une image de la résurrection. Quelle magnificence dans ces hautes tiges qui s'élancent dans les airs, comme pour porter jusqu'aux nues la gloire du Créateur! Les forêts sont les jardins du Créateur, mais quelle différence entre ces jardins et les nôtres! Les nôtres sont spacieux quand ils contiennent quelques arpents; ceux-ci couvrent des pays tout entiers. Les productions en sont sans nombre et d'une taille démesurée. Cependant tous ces troncs si bien nourris sont à peine distants de quelques pieds; quel jardinier a pris soin de planter, d'élaguer, d'arroser cette multitude d'arbres? Dieu seul s'est réservé les arbres et les forêts. Il les entretient, les affermit par de fortes attaches et les maintient dans la durée de plusieurs siècles contre les efforts des vents et des orages. Lui seul tire de ses trésors des rosées et des pluies suffisantes pour leur rendre tous les ans une verdure nouvelle, et pour y entretenir une espèce d'immortalité.

Un des phénomènes les plus remarquables dans les arbres et tout le règne végétal, c'est la séve. Comme la vie des animaux dépend de la circulation du sang, de même aussi la vie et l'accroissement des plantes et des arbres dépendent de la circulation de la séve. C'est pourquoi Dieu a formé et disposé toutes les parties des végétaux de manière qu'elles concourent à la préparation, à la conservation et au mouvement de ce suc nourricier.

C'est principalement par l'écorce qu'au printemps la séve monte des racines dans le corps de l'arbre, et que même, pendant toute l'année, la vie et la nourriture sont distribuées aux branches et aux fruits qu'elles portent. Le bois de l'arbre est composé d'une multitude infinie de petites fibres creuses qui s'étendent tout le long de l'arbre jusqu'au sommet, et qui sont très-étroitement liées ensemble. Attirée par la chaleur du soleil, la séve s'élève par ces fibrilles dans les parties intérieures de l'arbre, comme le sang, parti du cœur, est porté par les artères jusqu'aux extrémités de l'animal. Quand elle s'est suffisamment répandue partout où il était nécessaire, ce qui en reste monte, par de grands vaisseaux posés entre l'écorce intérieure et extérieure, de même que le sang retourne en arrière par les veines. Il en résulte un accroissement qui se renouvelle chaque année, et c'est là ce qui forme l'épaisseur de l'arbre. Pour s'en convaincre, il suffit de couper transversalement une branche, et, par le nombre de couches juxta-posées, on peut connaître l'âge de l'arbre. Quant à l'écorce extérieure qui se forme des sécrétions de la séve, elle paraît destinée à servir de vêtement à l'arbre, à unir fortement entre elles les parties délicates mais essentielles des accidents extérieurs et de l'intempérie de l'air.

La nutrition des arbres et des plantes se fait encore par

les feuilles. Les pores dont leur surface est recouverte servent à sucer l'humidité ou les sucs répandus dans l'atmosphère et à les communiquer ensuite à la plante. Les feuilles servent à introduire dans l'intérieur de la plante l'air dont elle a besoin. C'est par les feuilles que se fait la transpiration si considérable et si importante dans les plantes; les parties aqueuses de la séve s'évaporent, tandis que les parties huileuses, sulfureuses, terreuses, se mêlent ensemble pour nourrir l'arbre, se transformer en sa substance et lui donner de nouveaux accroissements. Si les sucs cessent d'arriver, si la circulation est arrêtée, si l'organisation intérieure de la plante est détruite, soit par un froid trop rigoureux et par la gelée, soit par la vieillesse, soit par quelque plaie, ou quelque accident extérieur, l'arbre meurt.

On observe parmi les arbres la même diversité que dans toutes les productions du règne végétal. Les uns, comme le chêne, se distinguent par la force et la dureté; d'autres sont minces et hauts, comme le sapin, le mélèze. Il y en a dont l'écorce est inégale, raboteuse, d'autres sont unis et beaux. On en voit qui croissent et grossissent pendant des siècles, tandis qu'il ne faut à d'autres que peu d'années pour acquérir toute la grandeur qu'ils peuvent avoir. On trouve au Congo des arbres dont on forme, en les creusant, des bateaux à contenir deux cents hommes. Il y a au Malabar un arbre monstrueux qui a, d'après la relation des voyageurs, cinquante pieds de tour. Tel est entre autres le cocotier. Il s'en trouve dont les feuilles peuvent couvrir vingt personnes. Le talipot, arbre qui croît dans l'île de Ceylan, est célèbre encore par ses feuilles; elles peuvent mettre à couvert de la pluie quinze à vingt hommes; elles se conservent si souples en séchant, qu'elles se plient à volonté comme des éventails. On voit sur le mont Liban vingt-trois cèdres antiques qui auraient échappé aux ravages du déluge et qui ont de trente à trente-six pieds de circonférence. Il est certain que les arbres peuvent parvenir à un très-grand âge ; il est des pommiers qui ont plus de mille ans.

PLANTES EXOTIQUES.

Nous ne faisons pas assez attention aux bienfaits de Dieu, et particulièrement à ceux qui nous viennent des pays lointains. Si nous considérions que de peines il en coûte ; que de roues, pour ainsi dire, doivent être mises en mouvement dans la machine du monde, et quelle réunion de forces et d'industrie humaine il faut pour nous procurer un seul morceau de sucre (1) ou de cannelle, nous ne recevrions pas les présents de la nature aussi froidement que nous le faisons pour l'ordinaire; mais nous remonterions avec la plus vive reconnaissance vers cet Être bienfaisant qui se sert de tant de canaux pour faire parvenir ses biens jusqu'à nous. Voici quelques-unes des principales plantes exotiques dont les productions sont

(1) En outre du sucre de canne dont il est question ici, l'Europe et en particulier la France produisent, depuis quelques années, une quantité considérable de sucre de betterave.

devenues pour nous des besoins, et dont la connaissance nous offre plus d'intérêt.

Le sucre est proprement le sel qui se trouve dans le jus ou dans la moelle d'un certain roseau qu'on cultive principalement au Brésil et dans les îles voisines, mais qui se trouve aussi en abondance aux Indes Orientales et dans quelques îles de l'Afrique. La préparation du sucre n'exige pas beaucoup d'art, mais elle est extrêmement pénible, et on y emploie presque toujours les mains des esclaves. Quand les cannes sont parvenues à leur maturité, on les coupe et on les porte au moulin pour les briser et en tirer le jus. On fait d'abord bouillir ce suc, qui sans cela fermenterait et s'aigrirait. Pendant qu'il bout, on l'écume pour en ôter les saletés, et l'on répète quatre fois cette cuisson dans quatre chaudières différentes. Pour le purifier et le clarifier davantage, on y jette une forte lessive de cendres de bois et de chaux vive. Enfin, on le verse dans des formes où il se coagule et se sèche.

Le thé n'est autre chose que la feuille d'un arbrisseau qui croît au Japon, à la Chine ou dans d'autres provinces asiatiques. Pendant le printemps, on cueille deux ou trois fois ces feuilles. Celles de la première récolte sont les plus fines et les plus délicates : c'est le thé impérial; mais il ne vient jamais en Europe. Celui que les Hollandais vendent sous ce nom, est du thé de la seconde récolte.

Le café est le noyau d'un fruit semblable à la cerise. L'arbre qui le porte est originaire de l'Arabie; mais on l'a transplanté dans plusieurs pays chauds. Le pays où on le cultive le mieux, après l'Arabie, c'est l'île de la Martinique. Nous appelons fève le noyau qui se trouve au milieu du fruit. Cette fève, dans la fraîcheur, est jaunâtre ou grise, ou d'un vert pâle, et elle conserve assez cette couleur quand elle se sèche. On étend le fruit sur deux nattes pour le faire sécher au soleil, et on le brise ensuite avec des rouleaux pour en faire sortir le noyau. De là vient que chaque fève est partagée en deux moitiés. On sèche encore une fois les fèves au soleil avant de les transporter sur les vaisseaux.

Les clous de girofle sont les boutons ou les embryons des fleurs desséchées d'un arbre qui croissait autrefois sans culture dans les îles Moluques, mais que les Hollandais ont transplanté à Amboure. Cet arbre est de la forme et de la grandeur du laurier. Son tronc est revêtu d'une écorce comme l'olivier. Des fleurs blanches naissent en bouquet à l'extrémité des rameaux, et elles ont la figure d'un clou. Les boutons sont d'abord d'un vert pâle, ensuite ils deviennent jaunes, puis rouges, et enfin d'un brun noirâtre, tels que nous les voyons. Ils ont une odeur plus pénétrante et plus aromatique que le clou matrice, nom qui désigne le fruit sec de l'arbre.

La cannelle est la seconde écorce d'une espèce de laurier, qui ne croît presque à présent que dans l'île de Ceylan. La racine du cannellier se divise en plusieurs branches; elle est couverte d'une écorce grisâtre au dehors, mais rouge en dedans. La feuille ressemblerait à celle du laurier, si elle était plus courte et moins pointue. Les fleurs sont petites et blanches; elles ont une odeur très-agréable, qui approche de celle du muguet. Quand l'arbre a quelques années, on en détache les deux écorces; l'extérieure n'est bonne à rien, on la jette; pour l'écorce intérieure, on la sèche au soleil; elle s'y roule elle-même de la grosseur du doigt, c'est ce qu'on appelle la cannelle.

La noix muscade et la fleur de muscade viennent d'un même arbre qui croît dans les îles Moluques. La noix est couverte de trois écorces. La première tombe d'elle-même dans le temps de la maturité. On voit alors la seconde, qui est mince et très-délicate. On la détache avec beaucoup de précaution de la noix fraîche et on l'expose au soleil pour la sécher. C'est ce qu'on appelle macis ou moluques, et qu'ici on nomme improprement fleur de muscade. La troisième écorce enveloppe immédiatement le noyau ou la noix muscade. On tire cette noix de sa coque, et on la met dans de l'eau de chaux ; elle y reste pendant quelques jours : elle est alors préparée et propre à passer la mer.

Le coton croît dans la plupart des pays de l'Asie, de l'Afrique et de l'Amérique. Il est renfermé dans le fruit d'un certain arbuste. Ce fruit est une sorte de gousse qui, lorsqu'elle est mûre, s'entr'ouvre et laisse voir une bourre ou un duvet à flocons, d'une blancheur extrême; c'est ce qu'on appelle le coton. Quand cette bourre se gonfle par la chaleur, elle devient grande comme une pomme. Avec un moulinet, on fait tomber la graine d'un côté et le coton de l'autre; puis on le file pour en faire toutes sortes d'ouvrages.

L'huile d'olive est le suc exprimé de ce fruit qui est si abondant en France, en Espagne, en Portugal, en Italie, qu'on y trouve des forêts entières d'oliviers. Les habitants des provinces où il y a beaucoup de ces arbres, se servent de cette huile au lieu de beurre, parce qu'ils ont peu de bestiaux, d'autant que l'extrême chaleur desséchant la terre, il y a peu de pâturages.

Le poivre est le fruit d'un arbrisseau dont la tige a besoin d'un échalas pour se soutenir. Son bois noueux est comme la vigne, à laquelle il ressemble beaucoup. Ses feuilles, qui ont une odeur très-forte, sont ovales et se terminent en pointe. Au milieu et à l'extrémité des rameaux, il y a des fleurs blanches, d'où sortent des fruits en grappe comme celle des groseilliers. Chaque grappe porte vingt à trente grains.

Le tabac, dont on fait aujourd'hui une si prodigieuse consommation, est originaire de Tabago en Amérique. Ce n'est que vers le milieu du XVIe siècle que l'usage de cette plante fut connu de l'ancien continent. Il eut à lutter, pour s'y établir, contre la religion, la politique, la science, la propreté. Apporté en France par M. de Nicot, ambassadeur de François II en Portugal, et offert en 1560 à la reine Catherine de Médicis, le tabac fut d'abord favorablement accueilli comme chose nouvelle. De la cour, l'usage du tabac se répandit dans les provinces; tout le monde voulut priser et fumer. Cependant les curés et les médecins s'élevèrent fortement contre cet usage. Les premiers tonnèrent contre la préparation du tabac (on le pulvérisait alors au moment même où l'on s'en servait) et contre ses effets, qui troublaient l'ordre et le silence des offices. Les seconds soutinrent des thèses contre la plante nouvelle, comme exerçant de funestes influences sur notre organisation.

En Angleterre, le tabac ne souleva pas moins de controverses; sir Walter Raleigh, qui l'introduisit dans sa patrie en 1585, se renfermait au fond de ses appartements pour y fumer. Un de ses domestiques le surprit un jour en lui apportant à boire; épouvanté de voir des tourbillons de fumée sortir de la bouche de son maître, il lui jeta de la bière à la figure pour éteindre l'incendie intérieur dont il le croyait dévoré, et cria au feu par toute la maison.

Raleigh ayant révélé au public le secret de ses plaisirs, tout le monde à la ville et à la cour s'y livra avec une espèce de fureur. Mais l'anathème le plus impitoyable ne tarda pas à être lancé contre le tabac. Le roi d'Angleterre Jacques Ier écrivit contre l'herbe maudite avec une virulence que les deux phrases suivantes pourront faire apprécier :

« Arrière, disait-il, cette habitude dégoûtante à la vue, repoussante pour l'odorat, dangereuse pour le cerveau, malfaisante pour la poitrine, qui répand autour du fumeur des exhalaisons aussi infectes que si elles sortaient des antres infernaux. »

« Si je recevais le diable à dîner, ajoutait-il ailleurs, je lui ferais ces trois mets : 1° un cochon ; 2° un étang de moutarde et de morue sèche ; 3° une pipe de tabac. »

Charles Ier et Charles II s'inspirèrent contre le tabac de toute l'animosité de leur prédécesseur.

Urbain VIII et Innocent VII fulminèrent l'excommunication contre quiconque serait surpris fumant ou prisant dans une église.

En Suisse, un tribunal spécial fut créé, en 1661, à Berne, sous le nom de *Chambre du Tabac*, pour sévir contre les priseurs, les fumeurs. Un grand Mogol et un czar de Russie déclaraient l'acte de fumer punissable de mort, ou tout au moins de l'amputation du nez. Un empereur de Turquie rendait une ordonnance en vertu de laquelle tout Turc atteint et convaincu de fumer devait être promené dans les rues de la capitale avec l'instrument du délit, c'est-à-dire la pipe attachée au nez. Enfin, un sophi de Perse faisait savoir à son armée, dans une proclamation, que si du tabac était saisi sur un soldat, on brûlerait sur le même bûcher l'homme, la plante et la pipe.

Malgré tous les obstacles qui l'accueillirent à son origine, l'usage du tabac règne sur le monde entier, et jusque dans le Céleste Empire. L'art de fumer est poussé en Chine jusqu'à la perfection. Les petites Chinoises, dès l'âge de huit ans, portent à leur ceinture, comme objet de nécessité première, une bourse de soie pleine de tabac, et une pipe dont elles se servent déjà avec une singulière dextérité.

MINÉRAUX.

—

Si les richesses qui couvrent la surface de la terre excitent à bon droit notre reconnaissance et notre admiration, quels sentiments devons-nous éprouver lorsque nous songeons que les entrailles de la terre en renferment d'aussi nombreuses et d'aussi variées? Ces richesses ne sont point cachées vers le cœur de la terre, ni à une profondeur qui nous les rende inaccessibles; mais elles ont été rapprochées à dessein vers la surface, et logées sous une voûte qui est à la fois assez épaisse pour suffire à la nourriture de l'homme, et assez mince pour être percée au besoin, en sorte qu'il puisse descendre, quand il le veut, dans le magasin de provisions sans nombre qu'elle renferme pour son service.

Toutes les substances du règne minéral peuvent être divisées en quatre classes, qui ont des caractères très-distinctifs. La première contient les *Terres*. On donne ce nom aux minéraux qui ne peuvent être dissous ni dans l'eau ni dans l'huile, qui ne sont point malléables, qui résistent au feu et n'y perdent rien de leur substance. A cette classe appartiennent non-seulement les terres simples, mais aussi les pierres qui sont composées de ces sortes de terres. Il y a deux espèces de pierres, les précieuses et les communes. Celles-ci sont les plus nombreuses, et nous offrent des masses différentes en figure, en couleur, en grosseur et en dureté, selon les terres, les soufres, etc., dont elles sont composées. Les pierres précieuses sont aussi très-diverses. Les unes sont parfaitement transparentes, et paraissent être les plus simples. D'autres sont plus ou moins opaques, selon qu'elles sont composées de parties plus ou moins hétérogènes.

Les *Sels* forment la seconde classe du règne minéral. Cette classe comprend les corps qui sont solubles dans l'eau et qui produisent de la saveur. Les uns se liquéfient dans le feu, les autres y demeurent inaltérables. On les divise en sels acides, qui sont aigres et piquants, et en alcalis, qui expriment sur la langue une saveur âcre, brûlante et lixivielle : ceux-ci ont la propriété de changer en vert les liqueurs ou teintures bleues des végétaux. Du mélange et de la combinaison juste et exacte de ces deux différents sels saturés l'un par l'autre résultent les sels neutres ou communs. On compte parmi ceux-ci le sel commun ou sel de cuisine, qui est tiré de la terre, ou préparé avec de l'eau de mer, ou obtenu en faisant évaporer sur le feu, dans de grandes chaudières, l'eau des puits et des fontaines salées. Tous ces sels sont une des principales causes de la végétation des plantes. Ils servent aussi peut-être à les unir, à les affermir, de même que tous les autres corps composés ;

enfin ils produisent les fermentations dont les effets sont si nombreux et si divers.

La troisième classe du règne minéral comprend les corps inflammables auxquels on donne le nom général de *Bitumes*. Ils brûlent dans le feu ; et quand ils sont purs, ils se dissolvent dans les huiles, mais jamais dans l'eau. Ces corps se distinguent des autres minéraux en ce qu'ils contiennent plus de cette matière inflammable, qui rend combustibles les corps où elle se trouve en quantité suffisante. Du reste, il y en a plus ou moins dans presque tous les corps.

La quatrième classe du règne minéral contient les *Métaux*. Ce sont des corps beaucoup plus pesants que les autres. Ils deviennent fluides dans le feu, mais ils reprennent leur solidité quand ils sont refroidis. Ils ont de l'éclat et s'étendent sous le marteau. Parmi les métaux, il s'en trouve qui, se fondant par le feu, n'y éprouvent aucune diminution de poids ni aucune altération sensibles : c'est ce qui les fait nommer métaux parfaits. Il y en a deux de cet ordre, l'or et l'argent. D'autres métaux, qu'on appelle imparfaits, se détruisent plus ou moins promptement par l'action du feu, et se convertissent d'ordinaire en chaux. L'un d'eux, le plomb, a la propriété de se changer en verre et de vitrifier aussi tous les autres métaux, excepté l'or et l'argent. Les métaux imparfaits sont au nombre de cinq : le vif-argent, le plomb, le cuivre, le fer et l'étain. Enfin il y a des corps que l'on distingue de ces métaux, en ce qu'ils ne sont ni ductiles, ni malléables ; on les appelle demi-métaux, et l'on en compte sept : le platine, le bismuth, le nickel, l'arsenic, l'antimoine, le zinc et le cobalt. Disons un mot en particulier des métaux les plus remarquables par leurs qualités et les services qu'ils nous rendent.

L'or est le roi des métaux ; le prix qu'on en fait, la préférence qu'on lui donne, sont fondés sur une excellence réelle. Il est de tous les métaux le plus compacte, le plus pesant ; c'est celui qui s'épure le mieux ; il a, sans contredit, la plus belle couleur et qui approche le plus de la vivacité du feu. Il est le plus ductile et se prête le plus aisément à tout ce qu'on veut en faire. Ses parties sont si subtiles, qu'un grain d'or battu peut couvrir 50 pouces carrés, de manière que sur les deux surfaces on peut, à la simple vue, distinguer quatre millions de parties ; et sa ductilité est telle, que d'un seul grain on peut tirer un fil de 500 pieds de longueur. L'or ne salit point, comme les autres métaux, les mains qui le travaillent. Il suffit qu'il laisse la plus légère partie de sa substance, une simple trace de son passage sur un endroit, pour y répandre l'éclat. Il embellit tout ce qu'il touche. A toutes ces qualités, il en joint une plus précieuse encore : c'est de ne point être rongé par la rouille, et de ne point diminuer de poids en passant par le feu. Il n'est pas surprenant que les hommes soient convenus de prendre une matière si parfaite et si constante dans son état pour en faire le paiement et la compensation de ce qu'ils voulaient acquérir. La rareté même de ce beau métal fait qu'on se contente d'en recevoir une très-petite quantité. Tout le monde sait le parti admirable qu'en tirent les orfèvres, les joailliers, les brodeurs, les doreurs; l'or devient une source de beautés, de riches parures, d'ouvrages précieux et magnifiques, entre les mains d'une multitude d'ouvriers dont l'industrie ne se fait pas moins admirer que la matière qu'ils mettent en œuvre.

Si l'or est incontestablement le plus parfait de tous les métaux, tous les autres ont également des propriétés qui nous les rendent estimables. Ainsi, le fer, qui est le plus grossier, le plus vil de tous, en est cependant le plus utile. Il a une qualité qui le met en un sens au-dessus de tous les autres : il est le plus dur et le plus tenace. Trempé chaud dans l'eau froide, il acquiert une augmentation de dureté qui rend ses services sûrs et permanents. C'est le fer qui fournit à la navigation, à l'horlogerie et à tous les arts, les outils dont ils ont besoin pour abattre, pour affermir, pour creuser, pour tailler, pour limer, pour embellir, pour produire, en un mot, toutes les commodités de la vie. C'est au fer que nous sommes en partie redevables de la sûreté de nos demeures et de l'Etat. En vain aurions-nous de l'or, de l'argent et d'autres métaux, s'il nous manquait du fer pour les fabriquer. Ils mollissent tous les uns contre les autres. Le fer seul les traite impérieusement et les dompte sans s'affaiblir. De cette multitude innombrable d'aliments, de meubles et de machines qui, chaque jour, à chaque instant, nous offrent leurs services, il n'y en a peut-être pas une qui ne soit redevable au fer de la forme qu'elle a prise pour nous servir.

En lisant l'histoire de la découverte de l'Amérique, on juge d'abord fort simples les sauvages qui donnaient à leurs conquérants une grande quantité d'or pour une serpe, une bêche, ou quelque autre instrument de fer; cependant ils raisonnaient juste, puisque le fer leur rendait des services qu'ils ne pouvaient tirer de leur or.

De tous les corps du règne minéral, il n'en est pas qui ait des propriétés plus singulières que l'aimant. C'est une pierre ferrugineuse, de couleur obscure et d'ordinaire grise, qui a la vertu d'attirer le fer. Cette pierre, libre et suspendue par un fil, affecte constamment de diriger un de ses côtés vers le nord, et l'autre vers le sud. C'est dans ces deux points qu'on appelle pôles que réside la plus grande vertu attractive. Ces deux propriétés d'attirer le fer et de se diriger vers le nord, l'aimant les communique au fer par le frottement. Cette découverte amena celle de l'aiguille aimantée, instrument indispensable aux navigateurs dans les voyages de long cours. C'est ainsi que des choses qui paraissent d'abord très-peu importantes, peuvent devenir extrêmement profitables au monde ; et qu'en général, la connaissance et l'étude des œuvres magnifiques du Seigneur est infiniment utile à l'esprit et au cœur de l'homme.

Les propriétés du vif-argent ne sont pas moins merveilleuses. Ce minéral, naturellement liquide, se prête à toutes les formes qu'on veut lui donner, mais finit toujours par reprendre celle qui lui est naturelle. Dans le feu, il s'élève en vapeur. Quand on le secoue longtemps, il se change en poussière. Par la dissolution, on parvient à en faire un cristal dur et transparent ; mais il peut toujours reprendre sa première fluidité.

Une des merveilles du règne minéral, ce sont les pétrifications ou fossiles. On appelle ainsi les substances du règne animal ou végétal converties en pierres. Il est très-rare de trouver des hommes ou des quadrupèdes pétrifiés. Le plus grand nombre des fossiles provient des plantes, des vermisseaux et surtout des coquillages. Les pétrifications des productions marines se trouvent en grande abondance dans tous les pays et jusque sur le sommet des plus hautes montagnes. On trouve encore dans le sein de la terre, et souvent à une très-grande profondeur, des fossiles provenant de certaines productions qui ne se rencontrent que dans les climats les plus éloignés; preuves évidentes de cette inondation qui couvrit et bouleversa tout le globe. D'après les observations des naturalistes, aucun corps ne peut se pétrifier à l'air libre, car les corps des animaux et des végétaux se consument et se pourrissent dans cet élément. Quant aux eaux courantes, elles peuvent incruster certains corps, mais elles ne sauraient les changer en pierre. Le cours même de l'eau s'y oppose. Les pétrifications ne se font que dans l'intérieur des terres; il est vraisemblable qu'il faut, pour les opérer, une terre humide et molle mêlée à des particules pierreuse et dissoutes. Ces sucs lapidifiques pénètrent dans les vides ou les cavités du corps animal ou végétal, l'imprègnent et s'unissent à lui, à mesure que les parties du corps même se dissipent par l'évaporation ou qu'elles sont absorbées par des matières alcalines.

OISEAUX.

—

C'est ici une des plus belles et des plus touchantes pages du grand livre de la nature; puissions-nous, en la parcourant, nous pénétrer d'amour et de reconnaissance pour l'Être divin qui l'a écrite! Ce qui frappe d'abord dans les habitants des airs, c'est leur admirable structure. La seule vue de leur corps montre qu'il y a

une parfaite proportion entre eux et l'élément plus subtil et plus délié qui leur a été donné pour séjour. Le corps d'un oiseau n'est ni extrêmement massif, ni également épais partout, mais parfaitement disposé pour le vol. Aigu par-devant, il est par là plus propre à fendre l'air. Ses ailes, convexes en dessus et creuses en dessous, forment de chaque côté deux leviers qui tiennent le corps en équilibre. Ce sont en même temps deux rames qui, en s'appuyant sur l'élément qui leur résiste, font avancer le corps dans un sens contraire. La queue sert à contrebalancer le cou, tandis que l'oiseau rame avec ses ailes. Ce gouvernail ne sert pas seulement à maintenir l'équilibre du vol, il sert aussi à hausser, à baisser et à tourner où l'oiseau veut; car la queue ne se tourne pas plus tôt vers un côté, que la tête se porte vers le côté opposé. Les os des oiseaux, quoiqu'assez solides pour soutenir l'assemblage de leurs membres, sont cependant si vides et si minces, qu'ils n'ajoutent presque rien au poids des chairs. Toutes les plumes sont construites et rangées avec art, tant pour soutenir l'oiseau que pour le défendre contre les injures de l'air. Leurs pattes sont construites de manière que, lorsqu'elles viennent à être pressées dans le milieu, elles se referment naturellement sur le corps qui les presse. Il résulte de là que les serres de l'oiseau se collent plus ou moins à l'objet sur lequel il repose, en raison des mouvements plus ou moins rapides de cet objet.

Seconde merveille, leur conservation. Celui qui a créé ces milliers d'oiseaux de toute espèce, veille sur chacun d'eux avec le même soin que sur l'univers entier. Rien n'a été oublié pour assurer leur conservation et leur bien-être. Pour mettre les oiseaux à même

de faire des voyages de long cours, où l'on ne trouve pas toujours des hôtelleries et des provisions, et de passer de longues nuits d'hiver sans manger, Dieu a placé sous leur gosier une poche que l'on nomme jabot, où l'oiseau met sa nourriture en réserve. La liqueur où cette nourriture nage dans le jabot, aide à faire la première digestion. Le gosier, où il n'entre que très-peu de nourriture à la fois, fait le reste, souvent à l'aide de petits cailloux raboteux que l'oiseau avale pour mieux briser sa nourriture, et peut-être pour tenir les passages libres.

Le voyageur est pourvu de provisions nécessaires ; il s'agit maintenant de le garantir contre l'eau et le froid. Pour cela, il faut rendre ses habits imperméables à la pluie aussi bien qu'à l'air. Et voilà que du côté du corps toutes les plumes sont garnies d'un duvet mou et chaud. Du côté de l'air elles sont garnies d'un double rang de barbes plus longues d'un côté que de l'autre. Ces barbes sont une enfilade de petites lames minces et plates, couchées et rangées dans un alignement aussi juste que si on en avait taillé les extrémités avec des ciseaux. Chacune de ces lames est elle-même un tuyau qui soutient deux nouveaux rangs de lames d'une petitesse qui les rend presque imperceptibles, et bouchent exactement tous les petits intervalles par où l'air pourrait se glisser.

Tous ces soins délicats ne suffisent pas encore à la Providence. Comme cette économie si nécessaire pourrait être troublée par la pluie, le Créateur a pourvu les oiseaux d'un moyen qui rend leurs plumes imperméables à l'eau aussi bien qu'elles le sont à l'air par leur structure.

Tous les oiseaux ont un réservoir plein d'huile dans le croupion. Ce réservoir a plusieurs petites ouvertures ; et lorsque l'oiseau sent ses plumes desséchées, gâtées, entr'ouvertes, il presse ou tiraille ce réservoir avec son bec. Il en exprime une huile ou une humeur grasse qui est en réserve dans des glandes, et ensuite faisant glisser la plupart de ses plumes par son bec, il les passe à l'huile, il les lustre, il remplit tous les vides avec cette matière visqueuse. Après cette opération, l'eau ne fait plus que couler sur l'oiseau et trouve toutes les avenues de son corps parfaitement fermées. La volaille de nos basses-cours, qui vit à couvert, est moins fournie de cette liqueur que les oiseaux qui vivent au grand air ; d'où il arrive qu'une poule mouillée est un spectacle risible. Au contraire, les cygnes, les oies, les canards et tous les oiseaux aquatiques ont la plume passée à l'huile dès leur naissance. Leur réserve en contient une provision proportionnée à leur continuel besoin. Leur chair même en contracte le goût ; et chacun peut remarquer que le soin d'en humecter leurs plumes est leur exercice ordinaire.

Cependant tout s'use dans la nature, et, malgré tant de précautions, les vêtements des oiseaux s'usent aussi. Cette brillante armée demande à remplacer son vieil uniforme ; elle veut toujours faire honneur au puissant Monarque qui la commande. Quand donc approche la saison des frimas, ses innombrables soldats s'adressent à lui ; il ouvre ses magasins et daigne devenir lui-même leur marchand et leur tailleur, comme il est leur guide et leur nourricier. L'automne est le temps de la distribution générale. Tous se dépouillent de leurs plumes et reçoivent gratuitement un habillement neuf.

Vienne l'hiver, maintenant ils en bravent impunément la rigueur. L'année suivante, lorsque ce nouvel habit sera devenu vieux, il y en aura un autre pour chacun dans les magasins du Dieu créateur et conservateur de tout ce qui respire.

Mais d'une distribution à l'autre, il faut que tout ce petit monde travaille : comme l'homme, les oiseaux doivent gagner leur pain à la sueur de leur front. Leur vie doit se partager entre la musique et le travail. Rien ne leur manque pour cela ; tous ont les instruments et les outils convenables à la nature de leurs occupations et de leur manière de vivre. Deux ou trois exemples suffiront pour expliquer cette pensée et faire admirer la Providence.

Le moineau et la plupart des petits oiseaux vivent des mêmes grains, qu'ils trouvent ou dans nos maisons ou dans la campagne. Ils n'ont point d'efforts à faire pour atteindre leur nourriture, ni pour la mettre en pièce. Aussi ont-ils le bec menu, le cou et les ongles assez courts, et cela leur suffit. Il n'en est pas de même de la bécasse et de bien d'autres qui vont chercher leur nourriture bien avant dans la terre et dans le limon d'où ils tirent le coquillage et les vers dont ils vivent. Le Créateur les a pourvus d'un cou et d'un bec fort longs. Avec ces instruments, ils creusent, ils fouillent, et ne manquent de rien.

Le pivert, qui a une tout autre façon de vivre, est tout différemment construit. Il a le bec assez long et extraordinairement fort et dur, la langue aiguë, démesurément longue, armée outre cela de petites pointes et toujours enduite de glu vers son extrémité. Il a les jambes courtes, deux ongles par devant, deux ongles par derrière ; les uns et les autres sont crochus. Tout cet appareil a rapport à sa manière de chasser et de vivre. Cet oiseau tire sa subsistance des petits vers ou insectes qui vivent dans le cœur de certaines branches, et plus communément sous l'écorce du vieux bois. C'est une chose fort commune que de trouver, sous l'écorce des arbres abattus, les retraites de ces vermisseaux, creusées même fort avant. Le pivert avait besoin d'ongles crochus pour empoigner les branches où il s'attache. De longues jambes lui étaient inutiles pour atteindre ce qui est sous l'écorce. Un bec aigu et fort lui était nécessaire, parce qu'il est obligé d'essayer, par les coups de bec qu'il donne le long des branches, les endroits qui sont cariés et vides. Il s'arrête où la branche sonne creux, et casse avec son bec l'écorce du bois ; ensuite il avance son bec dans le trou qu'il a fait, et pousse une grande voix ou une sorte de sifflement dans le creux de l'arbre pour détacher et mettre en mouvement les insectes qui y dorment. Alors il darde sa langue dans le trou, et à l'aide des aiguillons dont elle est hérissée et de la colle dont elle est enduite, il emporte ce qu'il trouve de petits animaux, et en fait son repas.

Parcourez de même toutes les autres espèces, vous ne trouverez pas un oiseau qui ne vous offre les mêmes proportions entre les outils dont il est pourvu, et sa manière de vivre.

Que dirons-nous de l'industrie des oiseaux à faire leur nid ? comment contempler sans en être attendri, cette bonté divine qui donne l'habileté au faible et la prévoyance à l'insouciant ? Et d'abord quel maître leur a appris qu'ils avaient besoin de nids ? Qui leur a dit comment il fallait les construire pour empêcher les œufs de tomber, et pour les échauffer? Qui leur a dit que la chaleur ne se concentrerait pas autour des œufs, si le nid était trop grand; que tous les petits n'y pourraient pas tenir, s'ils le faisaient trop étroit? Comment connaissent-ils la juste proportion de l'étendue du nid avec le nombre des enfants qui doivent naître? Quel astronome a réglé leur almanach pour ne point se tromper au temps, et ne point se laisser prévenir par la nécessité? Quel mathématicien leur a tracé la figure du nid? Quel architecte leur a enseigné à choisir un lieu ferme, et à bâtir sur un fondement solide? Quelle mère tendre leur a conseillé d'en couvrir le fond de matières molles et délicates, telles que le duvet et le coton? Et lorsque ces matières manquent, qui leur a inspiré cette généreuse tendresse qui les porte à s'arracher avec le bec autant de plumes de l'estomac qu'il en faut pour préparer un berceau commode à leurs petits? Chaque espèce a son goût et une façon propre de se loger et de se meubler. La maison bâtie, ils ne manquent point de tapisser le dedans de petites plumes ou de l'étoffer avec de la laine ou même avec de la soie, pour entretenir une chaleur bienfaisante autour d'eux et de leurs petits.

L'hirondelle est surtout remarquable; son nid est un ouvrage d'une structure toute différente des autres; ce n'est point avec de petits branchages et du foin qu'elle bâtit; elle emploie le ciment et le mortier, et d'une manière si solide, qu'il faut une espèce d'effort pour démolir son ouvrage. Suivez-la dans son travail; voyez-la passer et repasser sur l'étang voisin; elle tient ses ailes élevées et se mouille l'estomac sur la superficie de l'eau, puis, faisant rejaillir cette rosée sur la poussière, elle la détrempe et en fait un mortier qu'elle emporte et maçonne avec le bec.

Quand le nid est fait et que les œufs y sont déposés, tout change dans l'habitude de nos ouvriers. Les oiseaux ne savent assurément ni ce que contiennent leurs œufs, ni la nécessité qu'il y a de les couver pour les faire éclore, ni comment tout cela s'exécute. Cependant ce petit animal si agile, si inquiet, si volage, oublie en ce moment son naturel pour se fixer sur sa couvée pendant le temps nécessaire. Les petits sortent enfin de leur coquille. Que de nouveaux soins pour le père et la mère, jusqu'à ce que la nouvelle troupe puisse se passer d'eux ! Ils sentent alors ce que c'est que d'être chargés d'une famille, il faut trouver à vivre pour sept ou huit au lieu de deux. La fauvette et le rossignol travaillent alors comme les autres. Adieu la musique : on n'a plus le temps de chanter, du moins le fait-on plus rarement; on est sur pied dès avant le soleil, on distribue la nourriture avec beaucoup d'égalité, en donnant à chacun sa portion tour à tour, jamais deux fois de suite au même.

Cette tendresse des pères et mères pour leurs petits va jusqu'à changer leur naturel; de nouveaux devoirs amènent de nouvelles inclinations. Suivez une poule devenue mère de famille, elle n'est plus la même. Elle était auparavant gourmande et insatiable, maintenant elle n'a plus rien à elle. Trouve-t-elle un grain de blé, une mie de pain, ou quelque chose de plus abondant et qu'on pourrait partager, elle n'y touche pas; elle avertit ses petits par un cri qu'ils connaissent, ils accourent bien vite, et toute la trouvaille est pour eux. La mère, naturellement timide, ne saurait que fuir auparavant; à la tête d'une troupe de poussins, c'est une héroïne qui ne connaît plus le danger, qui saute aux yeux du chien le plus fort : elle affronterait un lion avec le courage que sa nouvelle dignité lui inspire.

Enfin, ce qu'il y a peut-être de plus admirable et de plus merveilleux dans la vie des oiseaux, c'est leur migration. Les mêmes oiseaux n'habitent pas constamment les mêmes lieux, ils changent de pays selon les saisons. Au printemps, arrivent dans nos climats des armées d'hirondelles; à la fin de l'été viennent les cailles. Tous ces oiseaux disparaissent quand l'automne est venu et que les froids approchent. Toute la joyeuse armée va prendre ses quartiers d'hiver dans des climats plus chauds; là se trouvent des magasins abondamment pourvus; leur grand fournisseur est parti d'avance. Il est vrai, tout manque à nos pèlerins, ils ne connaissent pas même la route. N'importe; ni la distance des lieux, ni la largeur des mers, ni l'obscurité de la nuit, rien ne les effraie, ni ne les arrête. Confiants en celui qui les appelle, ils comptent bien trouver la route, et sur la route des étapes et des rations, et ils ne se trompent pas.

Combien de merveilles dans les migrations! Que la rigueur du froid et le défaut de nourriture avertissent les oiseaux de changer de domicile, on le conçoit encore; mais d'où vient que, lorsque la température leur permet de rester, qu'ils trouvent encore des aliments, ils ne laissent pas de partir au temps marqué? Quel historien, quel voyageur est venu leur apprendre qu'ils trouveront dans d'autres climats la nourriture et la chaleur convenables? Quel magistrat prend soin d'assembler le conseil pour fixer le jour du départ? Dans quelle langue les mères ont-elles dit à leurs petits, nés seulement depuis quelques mois, qu'il fallait quitter le pays natal et voyager dans une terre étrangère? Pourquoi ceux qui sont retenus dans une cage s'agitent-ils au temps du départ et semblent-ils affligés de n'être pas de la partie? Comment se nomme celui qui sonne de la trompette pour annoncer au peuple la résolution prise, afin que chacun se trouve prêt? Ont-ils un calendrier pour reconnaître la saison et le jour où il faut se mettre en route? Ont-ils des officiers pour maintenir la discipline qui est si grande parmi eux? Car, avant la publication de l'ordonnance, personne ne déloge; le lendemain du départ, il ne paraît ni traîneurs ni déserteurs. Ont-ils une boussole pour se diriger invariablement vers le côté de la mer où ils se proposent d'arriver, sans être jamais dérangés de leur vol, ni par le vent, ni par la pluie, ni par l'obscurité de la nuit? Ou bien enfin, sont-ils sous l'influence d'une raison infaillible, supérieure à celle de l'homme, qui n'ose tenter le passage de l'Océan qu'avec tant de machines, de précautions et de provisions? Vous qui affectez de ne pas croire en Dieu, répondez.

Tous sont partis maintenant; adieu leur agréable compagnie, adieu leur musique; quelques-uns seulement nous restent : c'est le loriot, c'est le moineau, c'est le roitelet. Pauvres petits! Que vont-ils devenir pendant nos longs hivers? Qui les chauffera? qui les nourrira? Père de tout ce qui respire, les avez-vous oubliés? Non, non. Pour eux il y aura quelques tièdes rayons de soleil, un sapin touffu, un toit de chaume; pour eux le genévrier restera couvert de fruits; pour eux les baies de l'églantier s'amolliront à la gelée, et les petits solitaires auront une table et un abri. C'est ainsi, ô Providence maternelle, que rien n'échappe à votre prévoyante sollicitude.

ANIMAUX DOMESTIQUES.

On appelle ainsi toutes les bêtes de service destinées à obéir à l'homme, à le soulager dans ses travaux, à suppléer à ce qui manque à ses forces, à lui fournir des vêtements et à le nourrir. Dieu, à qui toutes les suites de son ouvrage étaient connues dès le commencement, avait ainsi préparé à l'homme, devenu pécheur et condamné à la pénitence, des domestiques obéissants pour partager avec lui son travail, ou même pour le dispenser de ce que ce travail avait de plus pénible. Il a commandé à des animaux d'une grande force de n'en faire usage que pour l'homme, de ne se souvenir de leur agilité que pour son service, d'accepter son joug sans résistance, d'aimer sa maison plus que leur liberté, et de respecter la voix de l'enfant qui aurait ordre de les conduire.

A quoi faut-il attribuer les inclinations douces et la docilité parfaite de tous les animaux domestiques? Uniquement à l'ordre que Dieu leur a donné d'obéir à l'homme, comme à leur maître. Si vous en doutez, essayez d'apprivoiser les lions, les tigres, les ours, les loups; essayez de les réunir en troupeau et de les confier à un berger; essayez de leur faire labourer vos champs, porter vos fardeaux, battre votre grain, vous n'y réussirez jamais. Dieu encore les a créés avec des inclinations de sobriété tout entières à notre avantage. Tandis que les animaux sauvages mangent beaucoup, et ruineraient bientôt leur maître, la plupart des animaux domestiques mangent peu et travaillent beaucoup; un peu d'herbe, même la plus sèche, ou le moindre de nos grains, leur suffit. C'est toute la récompense qu'ils attendent de leurs services. Dieu a poussé plus loin la prévoyance; il a voulu que cette nourriture se trouvât partout. Les campagnes, les vallées, les montagnes sont comme autant de tables toujours servies et qui fournissent abondamment à la nourriture des domestiques de l'homme.

De tous les animaux domestiques, le cheval est celui qui nous rend le plus de services, et qui nous les rend le plus volontiers. Il se laisse employer à cultiver nos terres, et se soumet avec docilité à toutes sortes de travaux. Faut-il nous porter d'un endroit à un autre? Le cheval paraît sensible à cet honneur. Il étudie la manière de contenter son maître. Au moindre signe, il part, il diversifie sa marche, toujours prêt à la doubler, à la précipiter, dès qu'il connaît la volonté du cavalier. La nature lui a donné un penchant à aimer et à craindre les hommes, et beaucoup de sensibilité aux caresses qui peuvent lui rendre son esclavage agréable. Le cheval est de tous les animaux celui qui, avec une grande taille, a le plus de proportion dans les parties de son corps : tout en lui est élégant et régulier. L'exacte proportion des parties de sa tête lui donne un air vif et léger, qui est encore relevé par la beauté de son encolure. Son maintien est noble, sa démarche majestueuse, et tous les membres de son corps semblent annoncer du feu, de la force, du courage, de la fierté.

Le bœuf n'a point la grâce et l'élégance du cheval. Sa tête énorme, ses jambes trop minces et trop courtes pour la grosseur de son corps, la petitesse de ses oreilles, sa marche lourde, le rendent difforme. Mais il compense bien ses irrégularités par les services importants qu'il rend à l'homme. Il est assez fort pour porter de grands fardeaux et il se contente d'une chétive nourriture. Tout est utile dans cet animal; son sang, son cuir, sa chair, sa graisse, ses cornes, peuvent être employés à divers usages.

Un serviteur que Dieu semble avoir créé surtout pour les pauvres, c'est l'âne. Quelque peu avantageux que soit son extérieur, et quelque dédaigné qu'il soit, il ne laisse pas d'avoir d'excellentes qualités et de nous être très-utile. Il n'est pas ardent et impétueux comme le cheval, mais tranquille, simple et toujours égal. Il n'a aucune fierté, porte sa charge sans bruit et sans murmure. Il est sobre et sur la quantité et sur la qualité de la nourriture. Il se contente des chardons et des herbes les plus dures et les plus désagréables ; il est patient, vigoureux, infatigable, et rend à son maître des services importants et continuels.

Que dirons-nous du chien, de ce fidèle ami que Dieu a placé auprès de l'homme pour lui servir de compagnie, d'aide et de défense? Les services que les chiens nous rendent sont aussi diversifiés que leurs espèces. Le dogue garde nos maisons durant la nuit; le chien de berger sait également tenir tête aux loups et discipliner le troupeau; le chien de chasse réunit à la force l'adresse et l'agilité nécessaires pour varier nos plaisirs; le barbet se charge tour à tour de retrouver ce que nous avons perdu et d'amuser les enfants de son maître. Celui-ci devient-il pauvre et infirme, il partage sa misère et semble pleurer avec lui. Devient-il aveugle, c'est le barbet qui le conduit de porte en porte; et on ne sait ce qui attendrit davantage, ou de l'infirmité du maître, ou de l'air triste et suppliant du fidèle serviteur. L'aveugle est mort. Tout le monde l'oublie, car il était pauvre, et les pauvres n'ont point d'amis. Personne n'ira pleurer sur sa tombe, personne, excepté son chien; entre lui et son maître, c'est à la vie et à la mort.

L'homme trouve dans le cheval, le bœuf et l'âne, des voitures commodes; dans le chien, une garde sûre, un guide fidèle; mais il est des objets qui lui sont plus nécessaires encore : la nourriture et le vêtement; c'est dans les troupeaux qu'il va les chercher. Il est visible que la vache, la chèvre, la brebis, n'ont été mises auprès de nous que pour nous enrichir. Nous leur donnons quelque peu d'herbe, ou la liberté d'aller ramasser dans la campagne ce qui nous est le plus inutile, et elles reviennent tous les soirs payer ce service par des ruisseaux de crème et de lait. La nuit n'est point passée, qu'elles gagnent, par un second paiement, la nourriture du jour qui suit.

La vache seule fournit ce qui suffit à une famille entière après le pain, et elle met sur la table des riches la diversité la plus délicieuse. La chèvre est la vache du pauvre, comme l'âne est son cheval. Providence maternelle, on vous trouve partout. Ici encore, quelle merveille! Comment une herbe fanée et qui n'a plus de suc, dont on ne saurait extraire rien de solide et de nourrissant, devient-elle une source de lait? C'est là une bénédiction dont le secret nous échappe, mais dont les effets nous sont chaque jour présents. Nous y sommes tellement accoutumés, que nous n'avons peut-être jamais pensé à remercier celui qui en est l'auteur.

La brebis, contente d'être vêtue pendant l'hiver, nous abandonne sa toison pendant l'été. C'est ainsi que, suivant l'expression de saint Martin, elle accomplit le précepte de l'Evangile en conservant une robe pour elle et donnant l'autre. Riches du siècle, comprenez-vous la leçon qui condamne les superfluités de votre luxe?

Il est donc vrai, les animaux domestiques ne sont placés auprès de nous que pour nous aider et nous donner. Si quelque chose diminue l'estime des services qu'ils nous rendent et des présents qu'ils nous font, c'est qu'ils les réitèrent tous les jours. On n'y pense plus. La facilité de les avoir les avilit, mais c'est réellement ce qui en augmente le mérite. Une libéralité qui n'est jamais interrompue et qui recommence tous les jours, mérite une reconnaissance toujours nouvelle; et le moins que nous puissions faire quand nous recevons du bien, est de daigner nous en apercevoir.

Deux abus également blâmables sont à éviter quand il est question des animaux domestiques. Le premier, c'est de ne pas en faire assez de cas, de les traiter avec cruauté et barbarie, de prendre un certain plaisir à les faire souffrir. Il est vrai que le Créateur nous a donné les animaux pour servir à nos besoins et à nos plaisirs; mais s'ensuit-il de là qu'on puisse les fatiguer sans la moindre nécessité, les excéder de travaux au-dessus de leurs forces, leur refuser une subsistance méritée par leurs services, enfin aggraver leurs peines par les traitements les plus durs ? Tout homme qui n'est pas corrompu par des passions et des habitudes vicieuses, est naturellement porté à la compassion pour tout être doué de sentiment et de vie. Cette disposition honore l'homme; malheur à celui qui viendrait à bout de l'extirper; il montrerait par là qu'il est déchu de la noblesse de sa nature, qu'il s'est dégradé. Il n'aura plus qu'à faire un pas pour refuser aux hommes la compassion qu'il n'accorde pas aux animaux, et bientôt il sera un monstre. Notre conduite envers les bêtes influe plus qu'on ne pense sur notre caractère et sur la douceur de nos mœurs. L'histoire nous apprend que les peuples anciens qui se plaisaient aux combats sanglants des animaux étaient féroces envers leurs semblables.

Un autre abus serait de s'occuper trop des bêtes, de se prendre d'une tendresse outrée et ridicule pour les animaux qui sont d'un caractère plus social, qui ont plus de liaison avec l'homme, l'amusent ou lui sont utiles. N'est-il pas honteux de voir des personnes assez faibles, assez peu sensées pour s'attacher immodérément à certains animaux, dont elles font comme leurs idoles, au point de leur sacrifier les devoirs autrement importants auxquels nous sommes tenus envers nos semblables, et de se montrer ridiculement inconsolables quand elles viennent à les perdre ?

INSECTES.

—

D'ordinaire, nous ne jugeons dignes de notre attention que les animaux qui se distinguent des autres par leur grandeur. Le cheval, l'éléphant, le taureau nous paraissent mériter quelques-uns de nos regards, tandis que nous ne daignons pas les arrêter sur ces armées innombrables de petits animaux qui peuplent l'air, les végétaux et la poussière. Que d'insectes nous foulons aux pieds, que de chenilles nous détruisons, que de mouches bourdonnent autour de nous, sans nous inspirer la moindre curiosité, et sans que nous pensions à autre chose qu'à leur ôter la vie, lorsqu'ils nous incommodent! Rien de plus déraisonnable que cette inattention; car il est certain que la sagesse et la puissance du Créateur ne se manifestent pas moins dans la structure d'un vermisseau, d'un limaçon, que dans celle du lion et de la baleine. Les grands et les petits ouvrages de la création étonnent également notre raison et sollicitent la reconnaissance de notre cœur.

Comment se défendre d'abord d'admirer l'art et le mécanisme de leur structure, qui allie tant de vaisseaux, de fibres, de veines, de muscles, une tête, un cœur, un estomac, et tant de mouvements dans un point qui est souvent imperceptible? Le préjugé commun les regarde, ou comme un effet du hasard, ou comme le rebut de la nature. Mais des yeux attentifs y aperçoivent une sagesse qui, bien loin de les négliger, a pris un soin tout particulier de les vêtir, de les armer et de les pourvoir de tous les instruments nécessaires à leur état.

Oui, le Père de famille a vêtu les insectes, et même avec complaisance, en prodiguant dans leurs robes, sur leurs ailes et dans leurs ornements de tête, l'azur, le vert, le rouge, l'or et l'argent, les diamants même, les franges, les aigrettes, les panaches. Il ne faut que voir une mouche luisante, un papillon, une simple chenille, pour être frappé de cette magnificence.

La même sagesse qui s'est jouée dans leurs divers ajustements, les a armés de pied en cap et les a mis en état de faire la guerre, d'attaquer et de se défendre. S'ils ne parviennent pas toujours à attaquer ce qu'ils guettent, ou à éviter ce qui leur nuit, ils sont cependant pourvus de ce qui leur convenait le mieux pour y réussir. Ils ont la plupart de fortes dents, ou une double scie, ou un aiguillon et deux dards, ou de vigoureuses pinces. Une cuirasse d'écailles leur couvre et leur garantit le corps. Les plus délicats sont garnis par dehors d'un poil épais qui affaiblit les chocs qu'ils pourraient recevoir, et les frottements qui les endommageraient.

Presque tous trouvent leur salut dans l'agilité de leur fuite, et se dérobent au danger : ceux-ci par le secours de leurs ailes, ceux-là à l'aide d'un fil sur lequel ils se soutiennent en se jetant brusquement à bas des feuillages où ils vivent, et bien loin de l'ennemi qui les cherche ; d'autres par le ressort de leurs pieds de derrière, dont la détente les élance sur-le-champ à une assez grande distance. Enfin, où la force manque, les détours et les ruses viennent au secours. Cette guerre continuelle que nous voyons entre les animaux, est une des plus importantes harmonies de la nature : tout en fournissant à plusieurs leur nourriture ordinaire et délivrant l'homme du trop grand nombre, elle en conserve cependant de toutes les espèces en nombre suffisant pour les perpétuer.

Qui ne serait ravi de voir le Créateur des mondes si occupé de la parure et de l'équipage de guerre de ces insectes que nous méprisons? Quelle serait notre surprise si nous examinions en détail l'artifice des organes qu'il leur a donnés pour vivre et des outils avec lesquels ils travaillent tous, suivant leurs professions, car chacun d'eux a la sienne!

Les uns sont fileurs, et ils filent à merveille, ayant deux quenouilles et des doigts pour façonner le fil; d'autres sont tisserands et font de la toile et des filets, ils sont pourvus pour cela de pelotons et de navettes. Il y en a qui sont bûcherons, ils bâtissent en bois et ont reçu deux serpes pour faire leur abatis. Il y en a qui sont ciriers, et leur atelier est garni de ratissoires, de cuillers et de truelles. Plusieurs sont charpentiers et menuisiers : outre la scie et les tenailles dont ils ont la tête munie, ils portent à l'autre extrémité de leur corps une tarière qu'ils allongent, qu'ils tournent et retournent à volonté. Au moyen de cet instrument, ils creusent des demeures commodes pour loger et nourrir leurs familles, dans le cœur des fruits, sous l'écorce des arbres, souvent même dans le bois le plus dur. La plupart sont excellents distillateurs. Ils ont une trompe qui, plus merveilleuse que celle de l'éléphant, sert, aux uns, d'alambic pour distiller un sirop que l'homme n'a jamais pu imiter; à d'autres, de langue pour goûter, et presque à tous de chalumeau pour sucer. Enfin, tous sont architectes et bâtissent des palais qui, pour la commodité, l'élégance et le fini du travail, l'emportent sur les palais des rois.

S'ils sont forts sur les arts, ils ne sont pas moins habiles dans les sciences. Tous sont botanistes, chimistes, astronomes, mathématiciens; jamais il ne leur arrive de se tromper sur la qualité de la fleur ou de la plante qui doit les nourrir, ni sur la saison où ils doivent exécuter leurs travaux, ni sur les proportions qu'ils doivent leur donner. Et maintenant où se forment ces nuées d'artistes et de savants? Pourriez-vous me nommer les professeurs des vers à soie? me dire où s'impriment les livres classiques des fourmis? dans quelle ville se trouve l'école polytechnique des abeilles?

Que dirons-nous de leurs organes? On remarque dans plusieurs insectes, qu'ils ont la faculté d'élargir ou de rétrécir leur tête à volonté, de l'allonger ou de la raccourcir, de la cacher, ou de la faire reparaître selon leurs besoins. La bouche des insectes est, d'ordinaire, pourvue d'une espèce de dent, ou bien d'une trompe. Cette disposition de la tête est nécessaire, tant à cause des aliments dont ils se nourrissent que des poursuites auxquelles ils sont exposés. Plusieurs espèces sont privées de la vue; mais le toucher ou quelque autre sens les dédommage. Un grand nombre ont des yeux à réseau qui ressemblent à du chagrin et dont la cornée est taillée en facettes; il y en a quelquefois plusieurs milliers; tous sont immobiles, mais leur multitude et leur position suppléent à leur immobilité. La plupart sont pourvus de deux antennes, ou espèces de cornes, qui mettent leurs yeux à couvert et qui, en devançant le corps dans sa marche, surtout dans les ténèbres, sondent le terrain et éprouvent, par un sentiment vif et délicat, ce qui pourrait les salir, les noyer et les heurter. Elles leur servent encore à discerner les aliments qui leur conviennent.

Les jambes des insectes sont ou écailleuses ou membraneuses : les premières se meuvent au moyen de plusieurs articulations, les autres qui sont plus molles se meuvent de tous côtés. Il y a des insectes qui ont plusieurs centaines de pieds, mais ils ne vont pas plus vite que ceux qui n'en ont que quatre. A l'égard de cette partie du corps, on trouve une diversité infinie parmi les insectes. Avec quel art ne doivent pas être construites les jambes de ceux qui se cramponnent à des surfaces lisses et polies ! Combien sont élastiques les jambes de ceux qui sautent ! Combien sont fortes celles des insectes qui fouissent la terre !

La plupart des insectes ont reçu le don de voler. Quelques-uns ont quatre ailes ; d'autres, dont les ailes sont d'une si grande finesse, que le moindre frottement pourrait leur nuire, ont deux fortes écailles qu'ils élèvent et abaissent comme si c'étaient deux ailes, mais qui servent réellement d'étui aux véritables. Tels sont les mouches cantharides et les hannetons. Aux côtés et à l'extrémité du corps, il y a des ouvertures qui ont la forme d'une prunelle et que l'on appelle stigmates ; ce sont les organes de la respiration. Si ce que nous voyons dans les insectes nous cause tant d'admiration, combien ce qui demeure caché à nos yeux et à notre raison ne nous causerait-il pas de surprise, s'il nous était dévoilé ? Du moins, que ce qui nous est connu suffise pour nous faire adorer et aimer le Créateur de tant de merveilles.

FOURMIS. — ABEILLES. — VERS A SOIE.

—

Dans le monde des insectes, trois espèces semblent refléter avec plus d'éclat les traits de la sagesse, de la providence de Dieu, et fournir une plus ample matière à notre instruction : les fourmis, les abeilles et les vers à soie.

Les fourmis forment un petit peuple réuni en un corps de république qui a ses lois et sa police. Elles habitent une espèce de ville coupée de plusieurs rues qui aboutissent à différents magasins. Une partie des citoyens affermissent les terres et en empêchent l'éboulement par un enduit qu'ils y répandent : ce sont les maçons de la république. Les autres fourmis, celles que nous voyons ordinairement, en sont les charpentiers. Elles ramassent avec une activité incroyable des brins de bois pour traverser le haut des rues et en soutenir la couverture ; elles chargent ces poutres d'autres bois de longueur, puis, tout à coup devenues d'habiles couvreurs, elles amassent par-dessus un tas de joncs, d'herbes et de pailles sèches. Au premier coup d'œil, tout cela paraît fort irrégulier ; mais ce désordre apparent cache un art et un dessein que découvre aisément l'observateur.

Sous ce monticule qui est leur logement, et dont la forme facilite l'écoulement des eaux, se trouve des galeries qui, communiquant les unes avec les autres, sont comme les rues de cette petite ville ; elles aboutissent aux magasins dont les uns servent à renfermer les provisions, les autres à placer les œufs et les vermisseaux qui en sortent.

Quant aux provisions, tout est bon aux fourmis : elles s'accommodent de tout ce qui peut se manger. On les voit se charger avec un empressement merveilleux, l'une d'un pépin de fruit, l'autre d'un moucheron mort. Il n'est pas permis à tout ce petit monde de courir çà et là à l'aventure : il y en a qui sont chargées d'aller à la découverte. Sur leur rapport, on se met en campagne pour aller donner l'assaut à une poire bien mûre, ou à un pain de sucre, ou à un pot de confitures. On court du fond d'un jardin à un troisième étage, pour parvenir à ce pot. C'est une carrière de sucre, c'est un Pérou qu'on a découvert; mais pour y aller et pour revenir, la marche est réglée; tout le monde a l'ordre de se rassembler par un même sentier.

La Providence a donné à ces voyageurs un moyen de ne jamais s'égarer. Comme les chenilles, les fourmis laissent des traces partout où elles passent. Ces traces ne sont pas sensibles aux yeux; elles le seraient plutôt à l'odorat. On sait que les fourmis ont une odeur pénétrante. Si l'on passe le doigt à plusieurs reprises sur un mur le long duquel les fourmis montent et descendent à la file, on les arrêtera tout court, et on les verra hésiter, reculer, aller et venir à droite et à gauche, jusqu'à ce qu'une plus hardie ose tenter le passage et frayer la route.

Après avoir passé l'été dans un travail et une agitation continus, les fourmis se tiennent l'hiver closes et couvertes, jouissant en paix du fruit de leurs travaux. Il y a cependant grande apparence qu'elles mangent peu pendant l'hiver, et qu'elles sont engourdies alors ou endormies, comme bien d'autres insectes. Ainsi, leur ardeur à faire des provisions tend moins à se précautionner pour l'hiver qu'à se pourvoir durant la moisson de ce qui est nécessaire à leurs petits. Elles les nourrissent au sortir de l'œuf, avec une attention qui occupe la nation entière. Le soin de la jeunesse y est regardé comme une affaire d'Etat.

Le gouvernement des abeilles n'est pas moins admirable; sa forme est monarchique. C'est une seule mouche qui dirige toute la nation. Elle n'est pas seulement la reine du peuple, elle en est la mère. C'est à cette prérogative qu'elle doit l'extrême affection que tout son peuple lui porte. Voyez-la environnée d'un cercle d'abeilles, uniquement occupées du soin de lui être utiles. Les unes lui présentent du miel, les autres posent légèrement leur trompe sur son corps à diverses reprises, afin d'en détacher tout ce qui pourrait la salir. Lorsqu'elle marche, toutes celles qui sont sur son passage se rangent pour lui faire place.

Le gros de la nation se compose d'*ouvrières*. C'est à elles qu'on doit la construction de ces gâteaux où brille une si savante géométrie. Elles en vont recueillir la matière sur les fleurs; la cire est faite de la poussière des étamines. C'est avec leur trompe qu'elles amassent le miel. Quel sujet d'admiration! A voir la trompe d'une abeille, on dit : C'est une patte de mouche, à quoi cela est-il bon? C'est un instrument cependant tel, qu'avec son secours une abeille amasse plus de miel en un jour que tous les chimistes du monde n'en recueilleraient dans un an.

Pendant qu'une partie des abeilles s'occupent à recueillir la cire et le miel, à en remplir les magasins, d'autres s'emploient à différents travaux. Les unes mettent la cire en œuvre et en construisent des cellules, d'autres polissent l'ouvrage et le perfectionnent ; d'autres forment, avec un couvercle de cire, les cellules qui contiennent le miel qui doit être conservé pour l'hiver, précaution qui en prévient l'altération ; d'autres, enfin, donnent à manger aux jeunes abeilles qui n'ont point encore quitté l'alvéole. Chacune a son emploi.

On ne donne rien à manger à celles qui vont aux champs ; on suppose qu'elles ne s'oublient pas. Celles qui font les cellules ont un travail fort pénible. Elles passent et repassent leur bouche, leurs pattes et l'extrémité de leurs corps, sur tout l'ouvrage ; elles ne quittent point prise que tout ne soit poli et parfait. Comme elles ont besoin de manger de temps en temps, et que cependant elles ne doivent point quitter leur travail, il y en a d'autres toujours prêtes à leur donner à manger quand elles en demandent. On se parle par signes : l'ouvrière qui a faim baisse sa trompe devant la dépensière, et cela signifie qu'il lui faut à manger. La dépensière ouvre sa bouteille de miel, et en verse quelques gouttes sur la trompe de sa sœur.

Le ver à soie appartient à la famille des chenilles. Il est composé, comme les autres, de plusieurs anneaux mobiles. Il est bien pourvu de pieds et de crochets pour s'arrêter et s'accrocher où bon lui semble. Il a dans la bouche deux rangs de dents qui ne travaillent point de bas en haut, comme les nôtres, mais de droite à gauche, et qui lui servent à serrer, à tailler les feuilles.

Le ver à soie fait d'une partie de sa nourriture une

espèce de liqueur gluante et épaisse qu'il met en réserve dans un petit sac fort long, caché dans l'intérieur de son corps. Ce petit animal a sous la bouche une espèce de filière; c'est une petite peau percée de plusieurs trous. Par deux ouvertures de cette filière, il fait sortir deux gouttes de la liqueur dont le sac est rempli. Ce sont là deux quenouilles qui fournissent continuellement la matière dont il fait son fil. Un seul ver à soie donne jusqu'à deux mille pieds de soie.

La vie de cet insecte, tandis qu'il est encore vermisseau, est très-courte; il passe néanmoins par différents états qui l'approchent insensiblement de sa perfection. Au sortir de l'œuf, il est d'une petitesse extrême, parfaitement noir, et sa tête d'un noir plus brillant encore. Quelques jours après, il commence à devenir blanchâtre ou d'un gris cendré; sa robe se salit et se chiffonne; il s'en défait, et paraît habillé de neuf. Il devient gras et beaucoup plus blanc tirant sur le vert, parce qu'il ne se nourrit que de feuilles vertes. Bientôt il cesse de manger et s'endort pour deux jours, après lesquels on le voit s'agiter et se tourmenter extrêmement; il devient presque rouge des efforts qu'il fait. Sa peau se ride et se retire par plis; il s'en défait une seconde fois et se jette de côté avec ses pieds. Le voilà à son troisième habit dans l'espace d'environ trois semaines; il se remet ensuite à manger. Vous le prendriez pour un autre animal, tant sa tête, sa couleur et toute sa figure sont différentes de ce qu'elles étaient auparavant. Après avoir mangé quelques jours, il retombe dans sa léthargie, au sortir de laquelle il change encore de vêtements; c'est la troisième peau dont il se dépouille depuis qu'il est sorti de sa coque. Il continue encore à manger; puis, renonçant à toute nourriture, il se prépare à une retraite. Il fait sortir de sa filière un fil de soie dont il s'enveloppe : il s'en fait un linceul funèbre, un tombeau; il s'y cache, il s'y perd. Y meurt-il? Non; il s'y transforme et devient un joli papillon. Ce sont deux animaux tout à fait différents. Le premier n'avait rien que de terrestre et rampait avec sa pesanteur; le second est l'agilité même; il ne tient plus à la terre, il dédaigne en quelque sorte de s'y poser. Le premier était d'un aspect rebutant, le second est paré des plus vives couleurs. Le premier se bornait stupidement à une nourriture grossière; celui-ci va de fleurs en fleurs; il vit de miel et de rosée, il varie continuellement ses plaisirs; il jouit en liberté de toute la nature et l'embellit lui-même. Image frappante de notre résurrection. C'est ainsi, ô mon Dieu, que vous avez semé de toutes parts, dans la nature, des traits de lumière qui nous aident à concevoir les choses célestes et les vérités les plus sublimes.

ANIMAUX EXOTIQUES. — AMPHIBIES.

—

Chaque partie du monde a des animaux qui lui sont propres. Entre les animaux des contrées méridionales, l'éléphant et le chameau sont singulièrement remarquables. Ils surpassent en grandeur tous les autres quadrupèdes. L'éléphant surtout paraît être une montagne animée. Sa tête est affermie sur un cou fort court, et armée de deux défenses avec lesquelles il pourrait au besoin renverser des arbres. Un plus long cou n'aurait pu soutenir le poids de sa tête, ni la tenir élevée ; mais, en revanche, sa trompe est très-longue. Il s'en sert comme d'une main pour porter sa nourriture à sa bouche, sans être obligé de se baisser. Non-seulement, il peut la remuer, la fléchir, la tourner en tous sens pour exécuter ce que nous faisons avec les doigts, mais il s'en sert comme d'un organe de sentiment; et l'on peut dire de cet animal qu'il a le nez dans la main. Ses yeux sont petits, relativement au volume de son corps, mais ils sont brillants et pleins de feu ; on y voit l'expression de tous ses sentiments, de tous ses mouvements intérieurs.

Dans l'état d'indépendance, l'éléphant, encore sauvage, n'est ni sanguinaire, ni féroce ; il est d'un naturel doux, et ne se sert de ses armes que pour sa propre défense. A moins qu'on ne le provoque, il ne fait de mal à personne ; mais il devient terrible quand on l'irrite : il saisit son ennemi avec sa trompe, le lance contre une pierre et achève de le tuer en le foulant aux pieds. Il mange au moins cent livres d'herbe par jour ; mais son corps étant d'un poids énorme, il écrase et détruit mille fois plus de plantes avec ses pieds qu'il n'en consomme pour sa nourriture. Son principal ennemi et souvent son vainqueur, c'est le rhinocéros, animal qui a beaucoup de ressemblance avec le sanglier, et qui se sert de sa corne, qu'il porte au-dessus du nez, pour percer le ventre de l'éléphant. — Il ne faut qu'une légère attention pour reconnaître la sagesse de Dieu dans la production de l'éléphant ; il le fait naître dans un pays où il y a beaucoup d'herbes, et il a pourvu à ce qu'il ne devienne point à charge à la terre par une trop grande multiplication.

Le chameau est un des animaux les plus utiles de l'Orient. Il est admirablement conformé pour supporter les plus rudes fatigues au milieu de déserts arides et de sables brûlants, pouvant rester quelquefois quatre ou cinq jours sans boire, et n'ayant besoin que de peu de nourriture proportionnellement à sa grandeur. Il broute le peu de plantes et d'arbrisseaux qui croissent dans les déserts; et lorsqu'il n'en trouve point, deux mesures de fèves et d'orge suffisent à sa subsistance pour toute une journée. Outre la bosse qui s'élève sur son dos, il y a encore quelque chose de très-singulier dans sa conformation ; c'est qu'il a un double gosier, dont l'un aboutit à l'estomac, et l'autre à une espèce de panse qui lui sert de réservoir pour conserver de l'eau. Elle y séjourne sans s'y corrompre; et lorsque l'animal est pressé par la soif, et qu'il a besoin de délayer les nourritures sèches et de les macérer par la rumination, il fait remonter de sa panse jusqu'à l'œsophage une partie de cette eau, qui lui humecte le gosier, et qui descend ensuite jusqu'à l'estomac. La charge ordinaire des chameaux est de sept à huit cents livres ; avec ce fardeau, ils font deux lieues par heure, et leur journée est communément de douze à quinze heures. Le pied charnu du chameau est fait pour marcher dans les sables, au lieu que la corne du cheval y serait endommagée et brûlée.

Parmi les quadrupèdes septentrionaux, les plus remarquables sont l'élan, la zibeline et le renne. Le premier de ces animaux est grand, fort et d'une taille avantageuse. Sa tête ressemble assez, par la forme, la grandeur et la couleur, à celle du mulet. Ses jambes sont longues et fortes; son poil est d'un gris cendré. Cet animal est simple, stupide et peureux. Il trouve partout sa nourriture, mais il préfère l'écorce ou les tendres rejetons des saules, des bouleaux et des cormiers. Il est extrêmement agile, et ses jambes étant fort longues, il peut faire beaucoup de chemin en très-peu de temps. La zibeline erre dans les forêts de la Sibérie ; elle est fort recherchée à cause de la beauté de sa fourrure. La chasse de cet animal est d'ordinaire la triste occupation des malheureux qui sont exilés dans ces déserts. Le renne est un animal d'une forme agréable et élégante, qui ressemble beaucoup au cerf. Il cherche lui-même sa nourriture, qui consiste en mousse, en herbes, en feuilles et bourgeons d'arbres. Les peuples septentrionaux en retirent la plus grande utilité ; ils en mangent la chair, ils en boivent le lait, et, l'attachant à un traîneau, ils voyagent avec une extrême vitesse sur la glace et sur la neige.

Tous les biens des Lapons consistent dans leurs rennes, dont la laine leur fournit des habits, des couvertures et des tentes ; en un mot, ils savent tirer de ces animaux toutes les nécessités de la vie.

On appelle amphibies les animaux qui vivent aussi bien dans l'eau que sur la terre. Ils ont tous le sang froid, quelque chose de triste et de rebutant dans les traits et dans toute la figure, une odeur répugnante et la voix rauque ; plusieurs sont très-venimeux. Au lieu d'os, ces animaux n'ont que des cartilages. Leur peau est tantôt unie, tantôt couverte d'écailles. La plupart se cachent et vivent dans les lieux sales et infects. Presque tous les animaux de cette espèce vivent de proie, dont ils s'emparent soit par force, soit par ruse. Ils peuvent d'ordinaire soutenir longtemps la faim, et ils ont la vie très-dure. Parmi les amphibies, les uns marchent, les autres rampent. A la première classe appartiennent les tortues, recouvertes d'une forte écaille qui ressemble à un bouclier. Celles qui vivent sur terre sont les plus petites; parmi celles de la mer, il s'en trouve qui ont jusqu'à huit mètres de long, et qui pèsent jusqu'à huit ou neuf cents livres. Diverses sortes de lézards; on appelle dragons ceux qui ont des ailes; parmi ceux qui n'en ont point, on compte le caméléon, qui peut vivre six mois sans prendre de nourriture; la salamandre, qui peut être quelque temps dans le feu sans être brûlée, parce que la viscosité froide et glaireuse qu'elle déjette de toutes parts éteint les charbons; le redoutable crocodile, qui, sorti d'un petit œuf, parvient à une grandeur si monstrueuse, qu'il a quelquefois vingt à trente pieds de long. Il est vorace, cruel et très-rusé.

Les serpents forment la seconde classe des amphibies. Ils n'ont point de pieds, mais ils rampent par un mouvement sinueux et vermiculaire, au moyen des écailles et des anneaux dont leur corps est couvert; leurs vertèbres ont une structure particulière qui favorise ce mouvement. Plusieurs de ces serpents ont la propriété d'attirer les oiseaux ou les petits animaux dont ils veulent faire leur proie; saisis de frayeur à la vue du serpent, et peut-être étourdis par ses exhalaisons venimeuses et sa puanteur, ces oiseaux n'ont pas la force de fuir, et ils tombent dans la gueule béante de leur ennemi. Plusieurs serpents ont dans la gueule des espèces de dards qu'ils lancent et retirent à volonté; c'est par là qu'ils glissent dans les plaies qu'ils font une humeur venimeuse, qui sort d'une bourse placée à la racine de la dent. Les serpents pourvus de ces armes ne forment que la dixième partie de l'espèce. Tous les autres ne sont point venimeux.

ANIMAUX NUISIBLES ET DANGEREUX.

Le monde est l'ouvrage d'une puissance, d'une sagesse et d'un amour infinis. Il porte écrit en traits de flammes le cachet de son origine ; et Dieu, après chaque création, disait : *Cela est bon.* Oui, toutes les choses de la terre, considérées en elles-mêmes, sont bonnes et salutaires ; et s'il arrive qu'elles deviennent nuisibles, c'est qu'on en abuse ou qu'on ne les emploie pas à l'usage auquel elles sont destinées. Toutes les créatures sont bonnes, puisque toutes racontent la gloire du Créateur et procurent à l'homme des avantages réels ; cela est vrai des créatures même que notre ignorance nous fait envisager comme nuisibles, ou au moins inutiles.

Ainsi les serpents, ces animaux dont la vue seule nous épouvante et dont la morsure nous donne la mort, outre qu'ils manifestent, par leur organisation, leur adresse, leur agilité surprenante, quelques-uns par leur grandeur démesurée et leur force prodigieuse, la puissance et la sagesse du Créateur, procurent à l'homme de réels avantages ; ils nous délivrent d'une foule d'animaux et d'insectes dont le grand nombre ravagerait les campagnes, et par là ils entretiennent l'équilibre entre les diverses espèces de créatures ; ils absorbent les poisons répandus dans l'air, et par là ils le purifient et contribuent à la santé de l'homme ; ils sont d'un grand usage dans la médecine.

Il en est de même des bêtes sauvages. Le dessein de Dieu, en remplissant les montagnes et les forêts de bêtes sauvages dont l'homme ne prend aucun soin, a été de lui prouver l'étendue de sa providence et son attention particulière sur les animaux cachés dans les rochers et les solitudes. Sans cabanes, sans pasteurs, sans magasins, sans aucun secours de la part des hommes, ces animaux sont mieux pourvus de tout, plus légers à la course, plus forts, mieux nourris, d'un poil plus poli, d'une taille plus régulière que la plupart de ceux dont les hommes sont les pourvoyeurs. Ces animaux féroces sont utiles à l'homme, parce qu'ils emportent loin de son habitation les cadavres qui, restant exposés sur la terre, corrompraient l'air et engendreraient des maladies ; parce qu'ils diminuent, en leur faisant la guerre, d'autres espèces d'animaux qui, devenus trop nombreux, détruiraient les moissons ou les fruits, ou enfin nuiraient aux animaux domestiques. La main qui les déchaîne les arrête au moment précis où ils ont fait des animaux qui leur servent de pâture un assez grand carnage pour les empêcher de nuire à l'homme, mais insuffisant pour empêcher les espèces de se perpétuer et d'accomplir leur mission providentielle.

Il est à observer que les bêtes malfaisantes ont une certaine crainte de l'homme, et jamais ou presque jamais elles ne se servent contre nous de leurs armes offensives, à moins qu'on ne les attaque ou qu'on ne les irrite. Il y a plus ; les animaux les plus nuisibles ont des marques sensibles auxquelles on reconnaît leurs propriétés dangereuses, en sorte qu'avertis du danger, nous pouvons le prévenir ou l'éviter. Le serpent à sonnettes, qui est de tous le plus venimeux, avertit de son approche par le cliquetis que font les anneaux de sa queue. La Providence a opposé à cet animal terrible un ennemi qui peut le dompter. Le cochon-marin cherche partout le serpent à sonnettes et le dévore avec avidité. Il y a plus, un enfant peut tuer ce reptile dangereux ; un léger coup de baguette frappé sur son dos le fait mourir incontinent. Le crocodile est si maladroit dans ses mouvements, et il se retourne si difficilement, qu'il est très-facile de lui échapper. La bonté divine a même arrangé les choses avec tant de sagesse, que les animaux les plus dangereux, les plus venimeux, fournissent le remède à leur poison. Ainsi, l'huile dans laquelle a infusé un scorpion est un remède infaillible contre la piqûre de ce redoutable insecte. Une abeille écrasée, frottée et mise sur la partie blessée, guérit le mal qu'elle a fait. La graisse des vipères est, de même, un excellent remède contre leur morsure. En général, les choses naturelles ne sont nuisibles que par accident ; et si nous en recevons quelque dommage, c'est presque toujours à notre imprudence que nous devons nous en prendre.

Mais quelle est l'utilité des chenilles, par exemple, et de tant d'autres insectes incommodes ? Le monde ne pourrait-il pas s'en passer ? Combien d'arbres dévastés et de fruits consumés par les vers, les hannetons, les chenilles ! De combien de choses nécessaires à notre subsistance ne nous privent pas l'insatiable moineau et le corbeau non moins avide ! Qu'il est triste de voir un champ détruit par les rats et les sauterelles ! un jardin, un parterre ravagés par les limaçons! L'ignorant et l'impie seuls font de pareilles questions, se permettent ces plaintes amères. Lorsqu'il les entend, l'homme éclairé de la double lumière de la science et de la foi hausse les épaules. En effet, ces races animales qui semblent n'exister que pour le tourment du genre humain, parce qu'ils lui occasionnent quelques dommages, ne sont pas aussi funestes et aussi nuisibles qu'elles le paraissent ; pour s'en convaincre, il ne faut que considérer le règne animal dans son ensemble : telle espèce qui paraît nuisible, a cependant une utilité réelle, et il serait fort dangereux de travailler à la détruire.

Ainsi, supprimez les chenilles et les vermisseaux, vous ôtez la vie aux oiseaux. Ceux que nous mangeons et qui nous réjouissent par leurs chants, n'ont point d'autre lait pendant leur enfance. Du fond de leur berceau, ils adressent leurs cris au Seigneur, et il multiplie pour eux une nourriture proportionnée à leur extrême délicatesse ; c'est pour eux qu'il disperse partout les vermisseaux et les chenilles. La preuve en est que, par une admirable coïncidence, les petits oiseaux ne sortent de leurs œufs que lorsque les chenilles sont aux champs, et les chenilles disparaissent quand les petits, devenus forts, ont besoin ou peuvent se contenter d'une autre nourriture. Avant le mois d'avril, point de chenilles ni de couvées ; au mois d'août ou de septembre, plus ou presque plus de couvées ni de chenilles : la terre alors se couvre, pour les oiseaux, de grains et d'autres vivres de toute espèce. Jusque-là les oiseaux ont eu leur provision assurée par les chenilles, il était juste que celles-ci eussent aussi une nourriture assurée. On la leur a donnée à prendre sur les plantes. Elles ont leur droit comme nous sur la verdure de la terre. Elles ont un titre certain dans la permission que Dieu accorda, dès le commencement, à tout ce qui vit et à tout ce qui rampe sur la terre, de tirer sa nourriture des plantes qu'elle produit.

Il y a peu d'années que quelques habitants des colonies anglaises de l'Amérique voulurent extirper la race des geais, à cause des dommages que ces oiseaux occasionnaient aux grains. Mais à mesure que le nombre des geais diminuait, on était frappé des ravages qu'une multitude énorme de vers, de chenilles et surtout de hannetons, faisaient dans les champs de blé. Bientôt on cessa de poursuivre les geais, et ceux-ci, en se multipliant, mirent fin à un fléau qui avait été la suite de leur destruction.

Dans l'Amérique septentrionale, on se livra avec fureur à la chasse des moineaux, mais il arriva que les moucherons se multiplièrent à un tel point, dans les contrées marécageuses, qu'on fut obligé de laisser plusieurs terres incultes. La chasse des faisans est si considérable dans l'île de Procida, qu'elle occasionna, de la part du roi de Naples, une défense aux habitants d'avoir des chats dans leurs maisons. Au bout de quelques années, les rats et les souris, en se multipliant, causèrent tant de dommages, qu'on fut obligé d'abolir l'ordonnance qui défendait d'entretenir des chats.

Tout est lié dans le vaste empire de la nature, aucune créature n'y est inutile ou placée sans dessein : quoique la destination de plusieurs animaux nous soit inconnue, il suffit qu'ils existent pour que nous soyons en droit de supposer que leur existence a les fins les plus sages. Ainsi ces petites productions de la nature, que les hommes à courte vue jugent inutiles, ne sont pas des grains de poussière sur les roues de la vaste machine du monde, ce sont de petits rouages qui s'enchaînent dans les plus grands. Il n'est rien d'isolé; toutes les créatures se tiennent, se supportent, s'appellent mutuellement. Entre la plus élevée et la plus basse, il y a un nombre presque infini de degrés intermédiaires. La suite de ces degrés compose la *Chaîne universelle*, chaîne magnifique, qui unit tous les êtres, lie tous les mondes, embrasse toutes les sphères. Un seul être est hors de cette chaîne, c'est *Celui* qui l'a faite. Un nuage épais nous dérobe les plus belles parties de cette chaîne immense, nos yeux n'en peuvent entrevoir que quelques chaînons mal liés, interrompus et dans un ordre différent, sans doute, de l'ordre naturel. Nous la voyons serpenter sur la surface de notre globe, percer dans ses entrailles, pénétrer dans les abîmes de la mer, s'élancer dans l'atmosphère et s'enfoncer dans les espaces célestes, où nous ne la découvrons plus que par les traits de feu qu'elle jette çà et là. Ce qui brille à nos yeux enflamme notre cœur, ce qui échappe à nos regards humilie notre raison; visible ou invisible, elle nous instruit et nous rend meilleur. C'est pour cela que Dieu l'a faite.

LE PRINTEMPS.

—

Quelle révolution la riante saison n'opère-t-elle pas dans toute la nature! Notre terre, qui s'était reposée pendant l'hiver, reprend sa parure et sa fécondité ; toute la création s'anime, revit et ressent la joie et l'allégresse. Il n'y a que peu de mois que tout la surface de la terre était déserte et stérile. Les vallons dont l'aspect nous paraît si enchanteur étaient ensevelis sous une neige profonde. Les montagnes dont nous voyons les cimes grises s'élever jusque dans les nues, étaient couvertes de neige et de glaçons, enveloppées de brouillards impénétrables. Les rivières, les ruisseaux, qui coulent en murmurant au milieu des verdoyantes campagnes, étaient arrêtés dans leur course par les glaces qui les rendaient immobiles. Les oiseaux qui remplissent l'air de leurs chants étaient engourdis dans des antres et des marais ou s'étaient éloignés de nos contrées. Partout régnait un morne silence ; aussi loin que notre vue pouvait s'étendre, nous ne découvrions qu'une triste solitude.

Mais à peine le souffle du printemps s'est-il fait sentir, que la nature est sortie de son engourdissement, que la vie, la grâce et la joie se sont répandues dans toutes ses parties. Le soleil s'est approché de notre globe, et l'atmosphère a été pénétrée d'une chaleur vivifiante ; tout le règne végétal en a éprouvé la bienfaisante vertu, et la terre a produit de l'herbe, des fruits et des légumes de toute espèce. Toute la figure de la terre est renouvelée et embellie. « Les pâturages du désert sont arrosés, et les coteaux se parent à nos yeux d'une riante verdure. Les campagnes sont couvertes de troupeaux et les vallées sont remplies de froment ; elles retentissent partout de cris de joie et de chants d'allégresse. Les louanges et les actions de grâces de toute la nature s'élèvent jusqu'au ciel. »

Déjà les prairies reverdissent ; au travers d'une tendre

verdure, on voit poindre les premières fleurs ; de suaves parfums parviennent à notre odorat comme d'agréables couleurs à notre vue. L'odoriférante et modeste violette est un des premiers enfants du printemps ; son odeur est d'autant plus douce, que nous avions été plus longtemps privés de son délicieux parfum. La belle jacinthe s'élève insensiblement du milieu de ses feuilles et laisse voir ses fleurons qui flattent également la vue et l'odorat. La tulipe sort plus lentement, parce que des nuits ou des pluies froides pourraient ternir tout d'un coup l'éclat de ses couleurs. La renoncule, l'œillet et la rose attendent pour s'épanouir que des jours plus doux leur permettent de se montrer à nos yeux dans toute leur beauté. Chaque plante commence à développer ses feuilles, ses fleurs, et à tout préparer pour la production de ses fruits. Pour varier, perpétuer nos jouissances, prévenir les dégoûts inséparables de l'uniformité, le bienfaisant Créateur a voulu que la nature ne développât ses richesses et ses beautés que successivement et par degrés.

Déjà les petits oiseaux reviennent de leurs voyages et recommencent leurs chants joyeux. Ces innombrables musiciens, portés par les ailes des vents, vont tour à tour donner leurs concerts gratuits aux portes de toutes les chaumières ; toujours ils chantent ; au printemps, c'est pour nous ; en hiver, c'est pour d'autres. Qu'il est gai le chant de la fauvette, qui, voltigeant de branche en branche, ne se lasse point de faire entendre sa voix, comme si elle avait formé le dessein de s'attirer de préférence l'attention de l'homme, et de le récréer par ses accents ! La joyeuse alouette s'élève dans les airs et semble saluer le jour et le printemps par ses sons gracieux. Les troupeaux qui bondissent sur le gazon expriment par leurs sauts et leurs cris la vie et la joie dont ils sont animés. Dans les rivières, on voit les poissons qui, durant l'hiver, immobiles et glacés, étaient tombés au fond de l'eau, remonter maintenant près de la superficie ; ils ont recouvré leur ancienne vivacité et leur souplesse ; la douceur et l'agrément de leurs mouvements divers attirent et réjouissent les regards. Les arbres déploient peu à peu leur magnifique feuillage et préparent à l'homme un ombrage protecteur contre les rayons du soleil. Image de la jeunesse, image de la résurrection générale, le printemps ouvre notre cœur à l'espérance et nous porte au détachement de tout ce qui passe. Combien dureront ces beaux jours et ces fleurs si fraîches et si délicates ? O homme ! combien dureront tes années ? Combien durera la fleur de ta jeunesse et de ta beauté ? Console-toi, le printemps ne passe que pour revenir, et toi aussi tu meurs pour renaître et ne plus mourir.

L'ÉTÉ.

—

L'été a des charmes inexprimables, et il nous donne journellement des preuves de l'infinie bienfaisance du Créateur. C'est l'heureuse saison où Dieu verse plus abondamment sur toute créature vivante le trésor de ses bénédictions. La nature, après nous avoir ranimés par les plaisirs que nous fournit le printemps, s'occupe sans relâche pendant l'été à nous procurer ce qui peut faciliter notre subsistance, remplir nos besoins, et graver dans nos cœurs des sentiments de reconnaissance et d'amour. Des fruits de toute espèce se montrent à nos regards et sollicitent notre goût; les moissons jaunissent, des nuées de jeunes oiseaux s'élancent de leurs nids, et, en publiant nuit et jour les louanges du Créateur, réjouissent l'homme qui, dans cette saison, est presque toujours dans la campagne. Les fleurs offrent à nos sens la plus agréable diversité : nous admirons leur superbe parure, la richesse, l'inépuisable fécondité de la nature dans leurs espèces si multipliées. Quelle variété et quelle beauté dans les plantes, depuis la plus humble mousse jusqu'au chêne le plus élevé! Qu'on aille d'une fleur à l'autre, jamais l'œil ne sera rassasié; qu'on gravisse les plus hautes montagnes, qu'on cherche la fraîcheur à l'ombre des bois, qu'on descende dans les vallées, partout on trouvera de nouveaux charmes. Une multitude d'objets y viennent frapper nos yeux. Tous diffèrent les uns des autres, mais chacun renferme en soi assez de beautés pour fixer notre attention et exciter notre admiration. Si nous élevons nos regards, ils sont réjouis par l'azur céleste; si nous les ramenons sur la terre, ils sont récréés par le beau vert qui la colore. Notre oreille est ravie par les joyeux accents des chantres de l'air, et leur harmonie si simple et si variée remplit l'âme des plus agréables et des plus douces sensations. Le murmure des ruisseaux et celui des flots argentés qu'un beau fleuve roule dans sa course, plaisent encore à l'oreille. C'est pour flatter notre goût que mûrissent les fruits qui, indépendamment du plaisir qu'ils causent, procurent à notre sang un rafraîchissement salutaire. Les granges et les celliers se remplissent de nouvelles productions des champs et des jardins. L'odorat est frappé par les douces émanations qui s'échappent de tous côtés. En un mot, mille objets gracieux viennent mettre en action notre sensibilité. De nombreux troupeaux se nourrissent des profusions de la généreuse nature et digèrent les herbes salutaires pour nous procurer un lait agréable et des viandes nourrissantes. D'abondantes pluies viennent rafraîchir, purifier l'atmosphère, humecter la terre et ouvrir la source à de nouvelles bénédictions. Des arbres touffus et de riants bosquets jettent sur nous un ombrage bienfaisant. Tout ce que nous voyons, tout ce que nous entendons, tout ce que le goût et l'odorat éprouvent de sensations, augmente nos plaisirs et contribue à notre félicité.

C'est au cœur de l'été, c'est-à-dire vers la fin de juillet et dans le mois d'août, que nous éprouvons les plus grandes chaleurs, précisément dans le temps où le soleil, qui entre alors dans le signe du lion, s'éloigne chaque jour de la terre. Il est démontré qu'en été la terre est distante du soleil de onze cent mille lieues de plus qu'en hiver. La cause des grandes et excessives chaleurs de l'été, c'est surtout la position de cet astre relativement à notre globe. Pendant l'été le soleil nous envoie ses rayons d'une manière plus directe, et par cette raison la terre en réfléchit un plus grand nombre ; on conçoit encore que la terre et les corps qui la couvrent ayant été pénétrés et échauffés par les chaleurs assez fortes des derniers jours du printemps et du commencement de l'été, l'action du soleil, sans être plus grande, et étant même moindre, doit produire plus d'effet que lorsque cet astre agissait sur des corps plus froids.

C'est à tort qu'on se plaint et qu'on murmure quelquefois de cette chaleur brûlante, qui, dit-on, affaiblit nos organes et les rend incapables d'un travail suivi. Ces chaleurs sont le résultat inévitable des lois de la nature, d'où dépend le bien-être du monde; elles sont nécessaires pour amener la maturité des productions de la terre. D'ailleurs, le Créateur compense toujours les inconvénients par certains avantages. Dans les pays exposés aux plus vives atteintes du soleil, les hommes ont le corps constitué de manière qu'ils résistent à ces chaleurs brûlantes sans que leur santé en soit altérée; et des vents qui soufflent continuellement servent à en tempérer les ardeurs et à rafraîchir les habitants. Dieu ne manifeste pas moins de bonté à notre égard dans les temps où la chaleur nous accable. C'est par un effet de ses tendres soins que les nuits d'été sont si propres à rafraîchir l'atmosphère. Elles amènent avec elles une fraîcheur qui arrête la dilatation de l'air et le met en état d'agir d'autant plus fortement sur les corps. Une seule nuit ranime les plantes qui languissaient, rend une vigueur nouvelle aux animaux affaiblis, et nous repose au point de nous faire oublier le poids du jour et de la fatigue; et puis combien n'avons-nous pas, dans cette saison, de fruits qui ont la vertu de rafraîchir le sang et de tempérer l'âcreté de la bile! secours d'autant plus précieux, que les plus pauvres sont à portée d'en jouir.

Parmi les phénomènes que nous présente l'été, un des plus dignes d'attention, ce sont les orages, qui sont ordinairement pour les hommes un sujet de craintes et de murmures, tandis qu'ils devraient exciter leur admiration et leur reconnaissance, puisque, s'ils sont nuisibles dans certains cas particuliers, ils présentent à la généralité des êtres d'immenses avantages. Représentez-vous l'atmosphère chargée d'une infinité d'exhalaisons nuisibles et pestilentielles, qui s'augmentent de plus en plus par l'évaporation continuelle des corps terrestres, dont il en est tant de corrompus et de venimeux. Cet air, il faut que vous le respiriez ; la conservation ou la destruction de votre existence tient à ses qualités bonnes ou mauvaise : la salubrité ou l'insalubrité de l'air vous procure la vie ou la mort. Vous sentez quel est votre accablement dans les chaleurs étouffantes de l'été ; combien est difficile votre respiration, quel malaise et quelles anxiétés vous éprouvez alors ! N'est-ce donc pas un bienfait de Dieu, un bienfait qui mérite toutes vos actions de grâces, qu'un salutaire orage vienne purifier l'atmosphère ; qu'il dissipe ou consume les exhalaisons surabondantes, et prévienne ainsi leurs dangereux effets ; qu'il rafraîchisse l'air, et qu'en lui rendant son ressort, il facilite votre respiration ? Sans les orages, tant de principes délétères se seraient de plus en plus multipliés, et les hommes et les animaux auraient péri par milliers ; une peste universelle aurait fait du globe un vaste cimetière. Au lieu donc de tant craindre les orages et de murmurer à cause des dégâts partiels qu'ils occasionnent, nous devrions bénir la Providence des biens précieux qu'ils nous procurent.

Ce ne sont pas seulement les hommes et les animaux qui gagnent à ce que l'atmosphère soit purgée de tant d'exhalaisons pernicieuses ; les végétaux même en tirent des avantages signalés. Reportez-vous à la fin d'un orage : les arbres et les plantes languissaient penchés vers la terre ; l'état de souffrance où ils étaient les conduisait vers le dépérissement, si ce même principe qui a semé l'épouvante ne fût venu leur rendre la santé et la force. Les nuages s'évanouissent ; le bel azur des cieux reparaît ; le soleil rend à toute la nature la joie et la sérénité ; les gouttes de pluie humectent les branches et les feuilles ; un principe vivifiant s'insinue à travers les pores de la plante et circule avec tous les fluides ; les végétaux se redressent, reprennent de la vigueur, et ce rétablissement s'annonce par la vivacité des teintes dont ils sont colorés.

L'AUTOMNE.

Aux agréments de l'été, malgré tous les feux que répandait l'astre du jour, ont succédé les douceurs et les fruits de l'automne. Les arbres, chargés des dons les plus précieux, semblaient se pencher vers nous, comme pour nous inviter à les cueillir et nous en nourrir dans toute leur fraîcheur, et à en faire une provision suffisante pour en perpétuer la jouissance. Un air tempéré et calme nous permettait d'user en liberté de tous les plaisirs de la campagne : des amusements variés s'offraient à nous de toutes parts. Après avoir vu, dans une époque plus reculée, tomber sous la faucille du moissonneur les épis dorés et avoir rempli nos granges de la riche dépouille de nos guérets fertiles, le temps est venu où, parmi les jeux, les repas simples et rustiques, nous avons partagé la gaîté franche et les travaux des vendangeurs. Nous les avons vus fouler les raisins dans la cuve, d'où devait sortir la liqueur vivifiante qui se trouve maintenant renfermée dans nos celliers ou dans nos caves. Ainsi se succèdent tour à tour les saisons dans lesquelles la nature nous comble de ses présents.

Mais déjà l'automne touche à sa fin ; le soleil jette sur nos demeures des regards affaiblis. Cette terre si belle et si féconde devient de jour en jour triste, indigente et stérile. Je ne verrai de longtemps le bel émail des arbres fleuris, les charmes du printemps, la magnificence de l'été. Ces teintes et ces nuances des forêts et des prairies, cette couleur purpurine des raisins, ces trésors divers qui couvraient nos campagnes, tout a disparu. Les arbres viennent de perdre leur dernière parure ; les pins, les ormes et les chênes plient sous l'effort des aquilons. Dénués de force et sans chaleur, les rayons du soleil ne pénètrent plus la terre. Les champs qui nous ont fait tant de présents sont enfin épuisés et ne promettent plus rien à l'homme. Ces tristes révolutions doivent nécessairement diminuer nos agréments et nos jouissances. Lorsque la terre est privée de sa verdure, de son éclat, de sa gloire, lorsque les campagnes n'offrent plus qu'un terroir fangeux et de sombres couleurs, je ne goûte plus qu'en partie les plaisirs attachés au sens de la vue. Dépouillée de ses richesses, la terre ne montre plus de tous côtés qu'une surface inégale et raboteuse ; elle n'a plus cet accord, ce bel ensemble que nous mettaient sous les yeux les blés, les légumes et les herbages. Les oiseaux ne font plus entendre leurs chants mélodieux : rien ne rappelle à l'homme cette allégresse universelle qu'il partageait avec tous les êtres animés ; il n'entend plus que le mugissement des vagues, le sifflement des vents, et ce bruit monotone et continuel n'excite en lui que des sentiments désagréables. Les champs n'ont plus leurs parfums, et l'on ne respire qu'une certaine odeur humide qui n'a rien d'agréable lorsqu'elle ne vient pas tempérer la sensation trop vive de la chaleur : le sens du toucher est blessé par les impressions d'un air nébuleux et froid. Ainsi la campagne n'a plus rien qui nous flatte, et les faibles rayons de l'astre du jour ne nous communiquent plus assez d'activité..

Cependant, je reconnais encore combien la nature est fidèle à remplir la loi invariable qui lui a été prescrite d'être utile dans tous les temps, dans toutes les saisons. L'hiver se montre déjà dans l'éloignement ; les fleurs, il est vrai, ont disparu, et la terre n'est plus décorée de sa beauté primitive ; mais la campagne, toute dépouillée, toute déserte qu'elle est, ne laisse pas encore de rappeler à l'homme l'idée du bonheur. Ici, dit-il en élevant vers le ciel un cœur reconnaissant, ici j'ai vu croître le blé ; et naguère ces champs étaient couverts d'abondantes moissons. Les jardins potagers, les vergers n'offrent maintenant que de tristes aspects, mais le souvenir des présents dont ils nous ont comblés mêle un sentiment de joie et d'espoir aux regrets que j'éprouve. Elles sont tombées, les feuilles qui paraient les arbres ; les prairies sont sans attrait ; de sombres nuages couvrent le ciel ; les pluies tombent en abondance ; la promenade va devenir impraticable. L'homme qui ne réfléchit point, murmure ; mais le sage voit avec une douce émotion ses terres humides et détrempées ; les feuilles sèches, l'herbe jaunâtre deviennent un engrais utile qui fertilisera son domaine. Cette réflexion, jointe à l'attente du retour du printemps, excite sa reconnaissance pour les tendres soins du Créateur, et le remplit de la plus vive confiance. Tandis en effet que la terre, privée de ses agréments extérieurs, est exposée aux plaintes des enfants qu'elle a nourris et réjouis, elle recommence à travailler pour eux, et déjà elle s'occupe en secret de leur bonheur futur.

Nous sentons en automne que chaque jour le froid augmente. Au mois d'octobre, il était supportable, parce que la terre conservait des restes de la chaleur qu'elle avait acquise pendant l'été, et qu'elle était encore un peu échauffée par les rayons du soleil. Novembre amène plus de frimas, et plus les jours diminuent, plus la terre perd de sa chaleur, et plus le froid prend d'intensité. Cette augmentation graduelle du froid était nécessaire pour prévenir le dérangement et peut-être même la destruction totale de notre corps. En effet, si le grand froid survenait tout à coup, avec le commencement de l'automne, nous serions subitement engourdis, et cette révolution nous causerait la mort. Avec quelle facilité l'on s'enrhume dans les soirées fraîches de l'été ! Que serait-ce, si nous passions subitement des ardeurs de la canicule au froid glacial de l'hiver ? Le Créateur a donc pourvu à notre santé et à notre vie, en nous ménageant, pendant les mois qui suivent immédiatement l'été, une température qui prépare peu à peu le corps à supporter plus facilement l'augmentation du froid. Que deviendraient la plupart des animaux, si l'hiver venait à l'improviste et sans s'être annoncé ? Les deux tiers des insectes et des oiseaux périraient dans une seule nuit, et leur couvée serait détruite avec eux sans ressource. Au contraire, cette gradation leur permet de faire les préparatifs qu'exige leur conservation. Les mois d'automne, qui séparent l'été de l'hiver, les avertissent d'abandonner leurs demeures, pour se retirer dans des pays plus chauds, pour chercher les endroits où, pendant la saison rigoureuse, ils puissent se livrer tranquillement et avec sécurité au sommeil. Une privation subite de la chaleur ne serait pas moins fatale à nos jardins et à nos champs : les plantes, surtout celles qui sont exotiques, périraient inévitablement, le printemps ne pourrait plus nous donner de fleurs, ni l'été de fruits.

Deux phénomènes très-remarquables et très-ordinaires en automne, ce sont le brouillard et la gelée blanche. Les brouillards ne sont que des amas de vapeurs et d'exhalaisons qui occupent la région inférieure de l'atmosphère et qui l'obscurcissent : quand ces amas rasent la terre, on les nomme *brouillards*; quand ils sont considérablement élevés, on les nomme *nuées* ou *nuages*. Quand ce brouillard n'est composé que de vapeurs aqueuses, il est sans odeur et ne nuit ni aux plantes ni aux animaux; mais souvent aux vapeurs se mêlent des exhalaisons nuisibles, telles que celles qui s'échappent des marécages, et alors le brouillard est malsain et funeste. Il se fait quelquefois remarquer par une odeur forte qui déplaît, par une acrimonie qui affecte le goût et arrache des larmes; par la langueur qu'il occasionne aux fruits, aux plantes, à presque toutes les productions de la nature. Mais les exhalaisons qui se mêlent à la partie aqueuse ne sont pas toutes nuisibles; il en est même de bienfaisantes. Les brouillards de la Saône, par exemple, sont salutaires aux personnes dont la poitrine est délicate, sans doute parce qu'ils renferment des exhalaisons onctueuses et balsamiques, qui vont imperceptiblement adoucir, temperer, fortifier ce viscère. La condensation des vapeurs qui produit le brouillard est principalement l'effet du froid, et il faut, pour qu'il se forme, que l'air soit sensiblement moins chaud que la terre, d'où s'élèvent continuellement ces vapeurs et ces exhalaisons.

La *gelée blanche* n'est autre chose que la rosée du matin congelée. Au printemps et en automne, le soleil, dans un beau jour, échauffe assez considérablement la surface de la terre et des eaux pour occasionner une abondante rosée du soir et du matin. Mais comme, dans ces saisons, les matinées sont très-fraîches en certaines contrées, et que le plus grand froid se fait sentir à l'instant qui précède le lever du soleil, il arrive souvent que ce froid est assez considérable pour congeler la rosée du matin, au moment où elle s'échappe du sein de l'air en gouttes imperceptibles ; et les corpuscules glacés, s'entassant les uns sur les autres, donnent enfin une couche sensible de gelée. Le *givre* ou *frimas* est aussi une espèce de gelée blanche qui, en hiver, lorsque l'air est froid et humide tout ensemble, s'attache aux herbes, aux arbres, aux cheveux, aux vitres des fenêtres, etc. Mais le nom de gelée blanche est affecté uniquement à la rosée du matin congelée ; celui de givre ou frimas est réservé à toutes les autres vapeurs aqueuses qui, réunies successivement sur la surface de certains corps, s'y accumulent en petites masses sensibles, et y rencontrent un degré de froid suffisant pour les glacer. Dans les froides nuits du printemps et de l'automne, les broussailles doivent perdre plus de chaleur que les branches plus épaisses : il est donc naturel que les petits rameaux soient couverts de givre, pendant que les autres en sont exempts.

La gelée blanche doit son origine à une humidité

extrinsèque du corps qu'elle couvre ; le givre doit quelquefois la sienne à une humidité échappée du sein même des corps qu'il revêt. Il s'attache aux plantes vivantes en plus grande quantité qu'aux corps inanimés, parce que ces plantes, par leur transpiration, portent à toutes les extrémités des sucs qui, au sortir de leurs pores, sont saisis et congelés. Ainsi on doit regarder la gelée dont plusieurs végétaux sont couverts en certains temps, comme émanée en grande partie de leur propre substance. Telle est cette espèce de congélation que l'on voit sur les cheveux des voyageurs et le poil des animaux, et qui provient de la transpiration et des exhalaisons de la bouche et du nez.

L'HIVER.

Chaque saison a des plaisirs, des beautés et des avantages qui lui sont propres ; et l'hiver même, quelque triste et rude qu'il apparaisse, remplit aussi à cet égard le but du Créateur. Les jours d'hiver sont les jours de repos de la nature. Dans les autres saisons, elle s'est occupée à remplir les vues du Créateur en travaillant à l'utilité des créatures. Combien le printemps n'a-t-il pas été riche en fleurs ! Combien de semences n'a-t-il pas développées ! Quelle abondance de fruits l'été a fait mûrir pour que nous puissions les recevoir en automne ! Chaque mois, chaque jour, nous recevions quelque présent de la nature. Comme une bonne mère de famille, elle s'occupait du matin au soir à nous procurer les besoins, les commodités, les douceurs de la vie : vêtement, nourriture, récréation, tout a été puisé dans son sein maternel. C'est pour nous qu'elle a fait germer l'herbe, qu'elle a chargé les arbres de fruits ; c'est pour nous qu'elle a couvert les champs de blé, et que la vigne a porté son fruit restaurateur, que la création entière s'est parée de mille attraits. Lassée de tant de travaux, la nature a besoin de repos pour réparer ses forces épuisées à notre service. Cependant, ce repos même dont la nature jouit en hiver, est une activité secrète qui prépare en silence une nouvelle création. Déjà se font les dispositions nécessaires pour que la terre délaissée retrouve, au bout de quelques mois, les enfants qu'elle a perdus. Déjà germe le blé qui, dans la suite, nous servira d'aliment. Déjà se développent insensiblement les fibres des plantes qui serviront à orner nos jardins et nos prairies.

Sans l'hiver, la nature appauvrie, fatiguée, ne produirait plus rien, et nous mourrions de faim. C'est ainsi que, dans le plan de la Providence, les quatre saisons sont nécessaires : le printemps prépare, l'été mûrit, l'automne nous prodigue les productions qui nous font exister ; l'hiver répare les forces de notre mère nourricière. Lors donc qu'elle s'est dépouillée en notre faveur, Dieu dit au soleil de s'éloigner, comme une mère attentive éloigne la lumière qui pourrait empêcher son fils de s'endormir ; il fait plus encore, il enveloppe la terre d'une épaisse couverture de neige, afin de la tenir chaudement. La neige, un des plus curieux phénomènes de la froide saison, est une bruine gelée dans sa chute : elle ne diffère de la glace qu'en ce que celle-ci est de l'eau gelée dans une épaisseur plus considérable. Ce qui contribue plus que tout autre chose à rendre l'air glacial, ce sont les nuées; car les jours où il tombe de la neige sont d'ordinaire des jours nébuleux. En effet, plus les nuées sont épaisses, plus elles interceptent les rayons du soleil, en empêchent leur action, d'où il doit naturellement résulter un froid assez grand pour convertir les bruines en neige.

Il neige très-rarement en été, parce que rarement, dans cette saison, l'atmosphère se trouve avoir un degré suffisant de froid pour congeler l'eau. Il se peut néanmoins qu'au milieu même de l'été, il se forme de la neige dans les régions supérieures de l'atmosphère. Mais il ne fait presque jamais assez froid, dans cette saison, pour que les particules glacées ne se réchauffent et ne se fondent en approchant des régions inférieures de l'air; ce qui les empêche de paraître sous la forme de neige.

Dans leur chute lente et vacillante, ces infiniment petites molécules congelées se rencontrent et s'entre-choquent; si l'air inférieur est plus chaud ou plus humide, elles s'amollissent un peu; et quand elles viennent à se toucher, elles restent plus facilement attachées les unes aux autres, et forment des amas plus ou moins gros. De là les flocons de neige dont la figure est très-remarquable. Ils ressemblent d'ordinaire à des étoiles à six, huit, ou même dix angles; d'autres dont la figure est tout à fait irrégulière.

Dans nos climats, la neige est assez grosse; mais les voyageurs assurent que, dans la Laponie, elle est quelquefois si petite, qu'elle ressemble à une poussière fine et sèche; ce qui provient sans doute de l'âpre température du pays. Lorsque l'air inférieur est très-froid, les molécules tombent séparément, sans pouvoir s'unir ; aussi remarque-t-on dans nos contrées que les flocons sont plus gros à mesure que le froid est plus tempéré, et qu'ils deviennent plus menus lorsqu'il gèle fortement.

Quoique la neige elle-même nous paraisse froide, elle est cependant un excellent duvet qui met la terre à l'abri des vents glacés, et qui entretient la chaleur nécessaire à la conservation des semences, des plantes et des arbres. La neige est encore un puissant engrais ; quand elle est amollie par le soleil, elle fond peu à peu, et le salpêtre dont elle est pleine entre profondément dans la terre et vivifie les racines et les tuyaux des plantes. Il est constant que la neige contribue à la fertilité de bien des terres et à l'accroissement d'un grand nombre de végétaux. Les années où il en tombe beaucoup sont toujours très-abondantes, et les montagnes qu'elle couvre perpétuellement sont chargées à leur base, leur adossement et dans les prairies qui sont au pied, des plantes les plus vertes et les mieux nourries. Voyez comme dans la saison la plus rude notre Père céleste s'occupe du bien-être de ses enfants, et comment, sans que nous l'aidions de notre travail, il nous prépare en silence tous les trésors de la nature ! Enfants de ce Père céleste, préparons-nous aussi à nous-mêmes les trésors de la grâce, en redoublant de charité pendant cette saison rigoureuse, chauffant ceux qui ont froid et nourrissant ceux qui ont faim.

Que deviennent ces animaux de toute espèce qui rendaient la nature si belle, si vivante, et qui disparaissent pendant l'hiver? La plupart sont alors ensevelis dans un profond sommeil. C'est dans cet état d'engourdissement que les chenilles, les mouches, les fourmis, les serpents, un très-grand nombre d'insectes, d'oiseaux et même de quadrupèdes, passent la saison des frimas. On assure que les hirondelles domestiques se retirent au fond des étangs, où elles s'attachent deux à deux à des roseaux, pour y rester comme sans mouvement et sans vie, jusqu'à ce que le retour du beau temps les ranime. Les marmottes, qui habitent les montagnes des Alpes, descendent, au mois d'octobre, dans leurs demeures souterraines qu'elles tapissent auparavant de mousse et de foin; elles n'en sortent qu'au mois d'avril; l'embonpoint dont elles jouissent alors suffit pour les nourrir pendant tout le temps de leur engourdissement. Quand on en prend dans ces retraites, on les trouve resserrées en boule et fourrées dans leur foin, le nez appuyé sur le ventre pour ne pas respirer un air très-humide. Une espèce de rats appelés les *dormeurs* ont un sommeil aussi loug et aussi profond que celui des marmottes. Les ours mangent prodigieusement à l'entrée de l'hiver, et l'on dirait qu'ils veulent se nourrir une fois pour toute leur vie. Comme ils sont naturellement gras, et qu'ils le sont surtout à l'excès vers la fin de l'automne, cette abondance de graisse leur fait supporter l'abstinence pendant leur repos d'hiver. Les blaireaux se préparent de la même manière à la retraite qu'ils font dans leurs terriers. Admirons cette sagesse du Créateur dans ce sommeil des animaux qui les prémunit contre la disette, la faim, le froid; dans cet instinct qui les fait se préparer à cette longue abstinence, et choisir toujours pour leur repos le lieu le plus convenable.

Un phénomène bien digne d'attention pendant l'hiver,

c'est la vie que montrent certains végétaux pendant ce repos universel, cette mort apparente de la nature. Quantité d'arbres, les sapins, les pins, les genévriers, les cèdres, le mélèze, et le buis, croissent aussi bien en hiver que dans les autres saisons; et cela était nécessaire pour que les forêts puissent nous fournir une si grande abondance de bois et de fruits. Plusieurs plantes, la sauge, la marjolaine, le thym, la lavande, l'absinthe, etc., conservent pendant l'hiver toute leur verdure. Il y a même certaines fleurs qui croissent sous la neige; l'anémone, l'hellébore, la primevère, les jacinthes et les narcisses d'hiver, les perce-neige et toutes sortes de mousses verdissent pendant le froid. On trouve sur des montagnes ou des rochers dont les sommets sont couverts de neige pendant toute l'année, des plantes et des végétaux qui leur sont propres et qui ne réussissent point ailleurs. Ainsi, aucune saison n'est absolument dépourvue de fleurs et de fruits, et dans le jardin immense de la nature, il n'y a point de terrain qui soit absolument stérile. C'est ainsi, ô mon Dieu, que l'homme attentif au gouvernement de votre providence trouve toujours et partout de nouvelles occasions de reconnaître la bonté et la sagesse de vos voies. La nature n'est jamais stérile ni oisive, elle agit dans toutes les saisons. Qu'il en soit de même de moi, Seigneur, dans tous les âges de ma vie; et si vous voulez que j'arrive à la vieillesse, faites-moi la grâce qu'alors même je ne sois pas entièrement inutile au monde et dénué d'agréments.

LE FEU.

—

Il existe pour le globe que nous habitons un principe de chaleur sans lequel tout ce qui a vie dans la nature cesserait d'exister. En versant à tout moment sur la terre d'immenses torrents de lumière, le soleil y répand également un fluide infiniment subtil qui l'échauffe, c'est le feu; et enfin un troisième fluide qui l'agite et l'électrise, c'est la matière électrique. Ces trois fluides ne seraient dans le fond qu'une même substance, à laquelle une diversité de modifications donne des propriétés différentes.

Le feu est donc un fluide qui se trouve répandu dans tous les corps de notre globe, mais il ne brûle et il n'éclaire qu'autant qu'il se dégage des substances auxquelles il est uni. Quoique le feu affecte tous les corps, il se développe plus facilement dans les uns que dans les autres. En général, les corps noirs s'échauffent plus promptement et conservent plus longtemps la chaleur. Ainsi, toutes choses égales d'ailleurs, les vêtements noirs sont plus chauds que les blancs.

Le mouvement, la pression, le frottement font toujours naître de la chaleur, surtout entre les solides. Cet effet paraît dû au dégagement du feu disséminé dans les pores des corps; dégagement opéré par la pression, et tel que celui qui a lieu pour l'eau qu'on exprime d'une éponge.

Un autre effet du feu, c'est qu'il dilate et raréfie tous les corps, et leur fait occuper un plus grand volume. Le même morceau de fer qu'on introduit facilement à froid dans une ouverture, ne peut plus y entrer quand il est chaud. Cette dilatation est encore plus sensible dans les fluides ; on s'en sert pour mesurer la chaleur : c'est en occupant plus d'espace dans le tube du thermomètre, que le mercure indique les divers degrés de chaleur de l'atmosphère.

Ce fluide communique sa fluidité à l'eau, à l'huile, aux graisses, et généralement à tous les métaux qu'il met en fusion; c'est-à-dire qu'en pénétrant dans ces corps, il sépare par son action les parties qui le constituent, et les fait passer successivement de l'état de solide à celui de liquide, et enfin à l'état de fluide élastique. Ainsi, de l'eau glacée, en absorbant une certaine quantité de feu, devient liquide; une plus grande dose de ce principe la rend invisible et lui donne la forme de l'air; c'est ce qu'on appelle *vaporisation*, qu'il ne faut pas confondre avec l'*évaporation*, phénomène dans lequel les molécules d'un liquide abandonnent la masse dont elles font partie, pour s'élever dans l'atmosphère. L'air dissout l'eau de la même manière que l'eau dissout les sels; et comme l'eau, en s'échauffant, devient capable de dissoudre une nouvelle quantité de sel, et abandonne, en se refroidissant, une partie de celui qu'elle avait dissous; ainsi, à proportion que l'eau s'échauffe et se refroidit, il dissout l'eau en plus ou moins grande quantité. Si l'on expose sur une fenêtre une bouteille de verre blanc exactement bouchée, on verra le matin dans ses parois intérieures une infinité de petite gouttelettes; c'est l'air intérieur qui, en se refroidissant, a déposé une partie de l'eau qu'il contenait. Lorsque l'air vient à se réchauffer, cette rosée disparaît, parce qu'il redissout l'eau qui s'était précipitée dans la nuit. Ainsi l'*évaporation* est l'effet de la force attractive que l'eau exerce sur l'air; la chaleur n'y intervient que secondairement pour augmenter cette attraction. Au contraire, la *vaporisation* est produite par la force répulsive mutuelle des molécules de l'eau convertie en fluide élastique : la chaleur en est l'agent principal et immédiat; et l'air, loin de la seconder, lui oppose un obstacle non-seulement par sa pression, mais encore parce qu'en prolongeant l'évaporation, il occasionne un refroidissement qui est contraire à la vaporisation.

Certains corps solides subissent au feu des changements différents : le sable, le caillou, le quartz, etc., au moyen de certains intermèdes, se vitrifient au feu ; l'argile y prend la dureté de la pierre; les marbres et la craie s'y transforment en chaux.

A l'égard des créatures vivantes, le feu produit dans toutes les parties de leurs corps la sensation de la chaleur. Sans cet élément, l'homme ne pourrait exister un seul instant; car, pour vivre, il faut qu'une certaine quantité de feu entretienne le mouvement du sang.

Le feu est en quelque sorte l'instrument de tous les arts et de tous nos besoins, et afin que l'homme pût faire un usage continuel de cet élément, le Créateur l'a répandu partout avec la plus grande profusion. Quels inappréciables avantages ne nous rend pas ce fluide! C'est le feu qui nous éclaire; et, sans lui, une grande partie de notre vie se passerait dans une affreuse obscurité : nos occupations cesseraient avec le coucher du soleil, et nous serions réduits ou à rester immobiles, ou à errer dans les ténèbres avec effroi, entourés de mille dangers. Oh! combien notre sort serait triste, si, dans les longues soirées, nous ne pouvions goûter la plupart des douceurs de la société, ni user des ressources que nous offrent, dans l'enceinte de nos demeures, le travail et la lecture! La plus grande partie des aliments que la terrre produit serait peu salubre pour nous, sans le feu qui les amollit, les dissout, et leur donne les préparations qui nous les rendent propres. Et comment fournir à tant d'autres besoins et nous procurer les commodités de la vie, si les arts n'y pourvoyaient à l'aide du feu? Sans cet élément, nous ne pourrions donner à mille objets de notre industrie ces couleurs si diversifiées et si belles; nous ne pourrions parvenir à fondre les métaux, à les épurer, à leur faire prendre tant de formes si différentes; à transformer le sable en verre, l'argile en pierre, la craie en chaux; sans le feu, en un mot, la nature et ses trésors seraient pour nous inutiles, ou perdraient la plus grande partie de leurs charmes.

Dans ces nuits d'hiver qui semblent replonger la création dans le néant, et pendant le froid rigoureux qu'elles amènent à leur suite, le feu est un bienfait inestimable; il nous arrache à une douloureuse inaction, nous soustrait à mille sensations désagréables, et nous rend une nouvelle activité. Combien de vieillards et de valétudinaires souffriraient doublement, sans ses bénignes influences! Que deviendrait le faible nourrisson, si ses membres délicats n'étaient fortifiés par une douce chaleur? En creusant bien avant dans la terre, on trouve un plus grand degré de froid qu'à la superficie, qui, toujours pénétré des rayons du soleil, conserve une température plus douce qu'à l'intérieur : de là vient que les habitants des pays chauds peuvent conserver, pendant toute l'année, de la glace pour rafraîchir leurs boissons. Mais si l'on creuse cinquante ou soixante pieds au delà, la chaleur augmente sensiblement, et, à une certaine profondeur, elle devient si forte, qu'elle ôte la respiration et éteint la lumière d'une bougie. Quelle est la vraie cause de cette chaleur ?

Une multitude de phénomènes sur notre globe annoncent d'une manière formidable l'existence de feux souterrains. Souvent de terribles éruptions de matières enflammées épouvantent les habitants de la terre. L'Etna dans la Sicile, et le Vésuve en Italie, semblent des fournaises continuellement embrasées. Tantôt il s'en élève une vapeur noire; tantôt on entend des mugissements sourds, suivis tout à coup d'éclairs et de tonnerres. La terre tremble; la vapeur s'éclaircit et devient lumineuse; les pierres s'élancent avec fracas et retombent dans le gouffre qui les a vomies. On a vu, dans de violentes éruptions, d'énormes morceaux de rocher jetés en l'air, y tourner avec la même rapidité qu'un ballon; et des masses pesant trois cents livres aller tomber à trois milles du lieu d'où elles étaient lancées. Ce qui est plus effrayant encore, dans certains temps, les matières en fusion bouillonnent, s'élèvent et se répandent au dehors, et coulent, l'espace de quelques milles, sur les champs voisins, engloutissant tout ce qui se trouve sur leur passage. Cet épouvantable torrent dure pendant plusieurs jours; une vague étincelante roule sur une autre vague, jusqu'à ce qu'il atteigne la mer, où même il continue quelque temps à couler sans s'éteindre. Qui pourrait, sans frémir, se figurer les désastres que causent de semblables phénomènes? Les édifices renversés, les villages engloutis, les moissons consumées, les champs, les oliviers, les vignobles entièrement détruits, sont les moindres effets de cet affreux déluge de flammes et de feu. Dans une des éruptions de l'Etna, on vit le torrent de lave brûlante se répandre sur quatorze bourgs ou cités, et les mugissements horribles qui sortaient de la montagne se faisaient entendre à vingt milles de distance.

Du reste, ces volcans, qui répandent dans les lieux qui les environnent tant d'effroi et de dévastations, concourent, d'après le plan du divin Créateur, au bien général de notre globe. En effet, l'intérieur de la terre étant rempli de feu, il fallait qu'il y eût des volcans, sorte de soupiraux au moyen desquels l'action du redoutable élément est affaiblie et rompue; et quoique les pays où les feux souterrains se rassemblent en grande quantité soient sujets aux tremblements de terre, ils en essuyeraient de plus violents encore, si ces volcans n'existaient pas. L'Italie ne serait pas la contrée la plus fertile de l'Europe, si, à certains intervalles, le feu qu'elle recèle dans ses entrailles ne trouvait une issue. Qui sait, d'ailleurs, si de ces phénomènes effrayants ne résultent pas une infinité d'autres avantages cachés à nos yeux, et dont l'influence s'étend sur tout le globe?

On voit encore quelquefois, dans l'atmosphère, des traînées de feu qui se montrent subitement et sous différentes formes : ce sont des globes de feu, des étoiles tombantes et autres météores semblables; on voit souvent à quelques pieds de terre de petites flammes légères qui paraissent errer à l'aventure et qu'on appelle feux follets. Tous ces phénomènes doivent leur origine à des exhalaisons qui, échappées du sein des trois règnes de la nature, s'élèvent à diverses hauteurs dans l'atmosphère, s'y amassent, s'y enflamment et s'y dissipent. Ces feux follets, qui sont la terreur du vulgaire ignorant, sont assez rares dans les pays froids, et l'on assure qu'en hiver, ils se montrent principalement dans les lieux marécageux. En Espagne, en Italie et dans d'autres pays chauds, ils sont communs en toute saison, et ni la pluie ni le vent ne les éteignent. On en voit très-fréquemment dans les endroits où il y a des plantes et des matières animales putréfiées, tels que les cimetières, les voiries, les terrains gras et marécageux.

La superstition, qui ne conçoit pas que de pareils phénomènes puissent avoir des causes naturelles, les regarde avec frayeur; et peu de spectateurs ont le courage d'en approcher. Aux yeux de l'ignorance, ce sont les âmes des morts, ou même des malins esprits qui errent çà et là, et qui, durant la nuit, se plaisent à égarer les voyageurs.

Ce qui peut avoir donné lieu à cette ridicule opinion, c'est qu'on a remarqué que les feux follets fuient ceux qui les poursuivent, et suivent, au contraire, ceux qui cherchent à les éviter en fuyant devant eux. Ils s'attachent même aux voitures qui roulent avec rapidité. Mais rien n'est plus facile que l'explication de ces phénomènes. La personne qui poursuit un de ces feux chasse l'air, et par conséquent aussi le feu, devant soi; celle qui fuit laisse après elle un espace vide que l'air ambiant remplit aussitôt; ce qui produit un courant qui va du feu à la personne, et qui entraîne nécessairement le météore; aussi observe-t-on qu'il s'arrête quand on cesse de courir.

Enfin, il y a dans la nature une autre espèce de feu,

appelé *électrique*, dont les singuliers effets occupent les savants depuis un siècle. Ce fluide paraît répandu dans tous les corps; mais il en est à son égard comme de l'air, qui n'est aperçu par les sens que lorsqu'il est agité. Il y a des corps qui sont tels de leur nature, que le feu électrique peut y être excité et augmenté par le frottement : tels sont surtout le verre, la poix, la résine, la cire à cacheter, la soie, les cheveux, l'air. Tous les autres corps, mais particulièrement l'eau et les métaux, reçoivent, non par le frottement, mais par la communication des premiers, leur force électrique, et la perdent aussi vite qu'ils l'ont reçue.

Il est reconnu et prouvé aujourd'hui que le tonnerre et l'éclair sont les effets naturels de l'électricité répandue dans l'air et que certains changements de l'atmosphère accumulent et enflamment. L'électricité condensée dans certains corps, au moyen d'un instrument appelé *machine électrique*, produit des effets entièrement analogues à ceux de la foudre et du tonnerre, d'où les naturalistes ont conclu qu'il y a identité entre eux, et que l'électricité est entre nos mains ce que la foudre est entre les mains de la nature; celle-ci exécute en grand ce que nous imitons en petit.

LA PLUIE.

—

Tout le monde sait que la pluie provient des vapeurs qui, par l'action du soleil, s'élèvent continuellement de toutes les parties de notre globe, mais principalement des vastes plaines de l'océan; de là les nuages, qui ne sont que de l'eau à l'état de vapeur et qui se résolvent en pluie. Les eaux pluviales sont une des causes principales de la fécondité de la terre, et un des soins les plus touchants de la Providence. Si l'arrosement de nos prairies et de nos champs était abandonné aux soins des hommes, ils ne pourraient suffire à cette tâche, et, malgré leurs travaux, la sécheresse et la famine désoleraient bientôt la terre. En vain ils ruineraient leurs forces; et dessècheraient les puits et les rivières; jamais ils ne pourraient suffire à abreuver les végétaux, qui tomberaient dans la langueur et périraient. Il était donc nécessaire que les vapeurs fussent renfermées dans des nues, et que, à l'aide des vents, elles fussent portées de toutes parts, et descendissent sur nos campagnes pour vivifier les arbres et les plantes. Les trésors que nous prodigue la surface de la terre sont d'un bien autre prix que les métaux et toutes les pierreries qu'elle renferme dans son sein. La société humaine subsisterait sans or et sans diamants; sans blé, sans légumes et sans pâturages, elle serait bientôt anéantie.

Qui pourrait exprimer tous les avantages que les nuées procurent à notre globe? Une pluie survenant à propos en renouvelle la face d'une manière bien plus efficace encore que la rosée qui, pendant la nuit, humecte l'herbe et les feuilles. Les sillons boivent avec avidité les eaux bienfaisantes que versent sur eux les nuages. Les principes de fécondité se développent dans les semences et secondent les travaux du cultivateur. Il laboure, il sème, il plante, et Dieu donne l'accroissement. Les hommes font ce qui est en leur pouvoir; quant à ce qui est au-dessus de leurs forces, le Seigneur lui-même y pourvoit. L'hiver, il couvre de neige les semences, comme d'un vêtement; le printemps et l'été, il les échauffe, les vivifie par les rayons du soleil et par les pluies. Il couronne l'année de ses biens; et les bénédictions se succèdent les unes aux autres, de manière que l'homme est non-seulement nourri, mais que son cœur est rempli d'allégresse.

Les soins de la Providence ne se bornent pas aux champs mis en culture; ils s'étendent sur les prairies, sur tous les pâturages; les contrées même abandonnées des hommes et dont ils ne retirent aucune utilité directe, sont l'objet de cette bienveillance qui embrasse tous les lieux et tous les êtres. Si les pluies fertilisent les coteaux et les vallons, elles ne tombent pas inutilement sur les montagnes qui servent d'immenses réservoirs d'eau pour la terre et produisent une grande variété de plantes salutaires, utiles à la santé des hommes et à la nourriture des animaux.

La chaleur du soleil agit sans interruption sur les différents corps de la terre et en détache continuellement des particules subtiles. Ces particules, sous la forme d'exhalaisons, remplissent l'atmosphère. Nous respirerions ces émanations dangereuses, sans les pluies qui de temps en temps les précipitent et purifient l'air. Elles ne sont pas moins utiles, en modérant la chaleur brûlante. Plus l'air est voisin de la terre, plus il est échauffé par les rayons du soleil; au contraire, plus il est éloigné de nous, plus il est froid. La pluie qui tombe d'un lieu plus élevé, ramène aux régions inférieures cette fraîcheur vivifiante dont nous éprouvons, quand il a plu, les agréables et heureux effets.

L'atmosphère étant chargée de différentes substances et d'une multitude de corps étrangers, il peut arriver que la pluie participe à ce mélange et que sa couleur et ses qualités en soient altérées; de là ces pluies extraordinaires qui causent tant de terreur et d'effroi parmi les hommes ignorants et superstitieux, et qui ne sont cependant que des phénomènes naturels. Ainsi, l'on a vu plus d'une fois pendant l'été tomber une pluie rougeâtre, ou plutôt on croit qu'il en est tombé une semblable, lorsqu'après une pluie ordinaire, la superficie de l'eau paraît rouge, ou que l'on trouve à la campagne des gouttes teintes de cette couleur : de là ces pluies de sang dont on s'effraie tant. Cependant, il n'y a rien en cela qui sorte de l'ordre naturel. En effet, il peut très-facilement arriver que des particules colorées tombent avec la pluie. Le vent peut élever et disperser au loin les étamines purpurines de certaines fleurs, et même les excréments rougeâtres de certains papillons.

En 1734, dans un endroit du Vivarais qui se trouvait couvert de neige, étaient en grand nombre des taches d'un beau rouge vif, qui pénétraient dans la neige de l'épaisseur de quelques lignes. C'étaient les excréments de quelques oiseaux qui, ne trouvant aucune nourriture dans la campagne, avaient mangé les baies du *raisin d'Amérique*, dont le suc est rouge.

Après une bataille sanglante, lorsqu'une vaste campagne se trouve inondée de sang, un violent tourbillon peut enlever dans l'air ce sang ainsi répandu, comme il y élève l'eau d'un étang, et le porter aux environs, où il donnera une vraie pluie de sang. L'histoire romaine fait mention d'un semblable phénomène après la bataille de Cannes.

Il en est de même des *pluies de soufre.* Ces pluies ne sont pas réellement de soufre, quoiqu'il ne soit pas impossible que les particules sulfureuses répandues dans l'atmosphère se mêlent avec l'eau qui tombe du ciel. Mais on s'est assuré par une multitude d'observations que ce qu'on prend pour du soufre n'est que des fleurs ou des graines colorées de quelques plantes, même de menu sable et une poussière jaunâtre que les vents amènent de certaines contrées, et qui se mêlent avec la pluie. L'éruption d'un volcan, l'embrasement d'une ville ou d'un fort, élève dans les airs une prodigieuse quantité de cendres, qu'un vent impétueux peut transporter à une assez grande distance, et de là une espèce de *pluie de cendres*.

Mais d'où viennent ces chenilles dont quelquefois, après la pluie, certains endroits des jardins se trouvent parsemés? L'atmosphère, dit-on, contenant une multitude de corps de toute espèce, il peut s'y rencontrer aussi des insectes avec leurs œufs. Il ne manque à ceux-ci qu'un lieu où ils puissent éclore. Lorsqu'ils tombent avec la pluie, ils restent collés sur les feuilles et s'y développent. Mais il est plus probable qu'un air humide et chaud les fait éclore tout à coup dans les lieux où ils étaient déposés avant la pluie.

Un tourbillon violent peut élever jusqu'à la hauteur des nuages les eaux d'un étang, et avec ces eaux, les œufs des grenouilles, des petits poissons et des divers insectes qui le peuplent. Qu'un coup de tonnerre ou un vent impétueux dissipe ou emporte au loin ces eaux et le nuage formé au-dessus, la contrée où ce nuage ira tomber essuiera une pluie de grenouilles, de petits poissons, ou d'insectes, par le moyen des œufs déjà éclos dans le nuage, ou qui écloront bientôt après sa chute.

Ce sont les eaux qui tombent de l'atmosphère par les pluies, la neige, les rosées, qui fournissent cette masse considérable d'eau qui coule des sources sur toute la superficie du globe : de là vient que les fontaines et les rivières sont si rares dans l'Arabie Déserte et dans une partie de l'Afrique où jamais il ne pleut. Ces eaux, par diverses ouvertures, s'insinuent dans le corps des montagnes et des collines ; elles s'arrêtent sur des lits, tantôt de pierre, tantôt de glaise, qu'elles ne peuvent traverser ; là elles s'accumulent, forment des fontaines, ou bien elles s'amassent dans des cavités, dans des grottes qui débordent ensuite, ou dont les eaux s'échappent peu à peu par mille crevasses pour gagner toujours le bas où leur poids les entraîne.

Cependant la pluie, qui contribue si efficacement à la fécondité de la terre, à l'accroissement des plantes, et qui est pour la terre un bienfait inexprimable, quand elle est modérée, peut avoir de très-fâcheux résultats quand elle tombe avec trop d'abondance ou qu'elle continue trop longtemps. On sait les affreux dégâts des inondations, des trombes, des fontes de neiges, et combien une humidité excessive est nuisible aux végétaux.

Mais lorsque nous sommes témoins ou victimes de quelqu'un de ces désastres, gardons-nous de murmurer contre Dieu et de nous livrer à la méfiance et aux plaintes. Car enfin des inconvénients locaux et passagers qui naissent du cours ordinaire des choses, doivent être regardés comme des exceptions à la règle générale et ne doivent point nous faire oublier l'ordre et le bonheur universel qui résultent de l'arrangement actuel de la nature. Quelle injustice, quelle ingratitude, de ne faire attention qu'aux orages, aux tempêtes, aux inondations, aux tremblements de terre, qui n'arrivent peut-être qu'une fois en plusieurs années, et de ne tenir aucun compte des biens continuels et sans nombre que nous procure l'ordre constant de la nature.

Cela est d'autant plus vrai, que souvent ce que nous regardons comme un mal ou un désordre, parce que nous l'envisageons du côté sinistre, est dans le fond un véritable bien. Ainsi, qui ne se plaint, qui ne murmure de ces froides et longues pluies d'hiver qui inondent la terre, submergent les prairies et les campagnes? Cependant elles sont dans les vues de Dieu un bienfait signalé. Epuisée, pour ainsi dire, par sa fertilité, la terre a besoin de reprendre des forces; et, pour opérer cet effet, il faut non-seulement qu'elle se repose, mais qu'elle soit humectée. La pluie abreuve et ranime cette terre altérée et aride. L'humidité pénètre et arrive jusqu'aux plus profondes racines des plantes. Les feuilles sèches qui couvrent le sol se putréfient et se transforment en un vivifiant engrais.

Des pluies considérables remplissent de nouveau les rivières et fournissent à l'entretien des sources et des fontaines. Jamais la nature n'est oisive : elle travaille continuellement, quoique son activité soit quelquefois cachée. Les nuées, en répandant sans cesse la pluie ou la neige, préparent la fertilité de l'année suivante : elles assurent les richesses de l'été et lorsque la chaleur du soleil ramène la sécheresse, les sources abondantes formées par les pluies de l'hiver se répandent dans les plaines, arrosent les prairies, les vallons, et les parent d'une verdure nouvelle.

LES MONTAGNES.

—

De toutes parts notre globe est hérissé de ces montagnes plus ou moins élevées dont les sommets, tantôt arides et privés de tout ornement, tantôt couverts de forêts ou de prairies, semblent dominer dans la région de l'air et commander aux vallées qui les environnent. Parmi ces montagnes, les unes sont aussi anciennes que notre globe, les autres sont l'ouvrage de la nature et du temps. Les montagnes primitives, parmi lesquelles se trouvent les éminences les plus considérables de notre planète, doivent leur origine à l'action même de l'auteur de la nature, qui, en formant le globe terrestre, lui donna une constitution conforme à la sagesse et à la bienfaisance de ses vues adorables : elles sont toujours composées de matières vitrifiables, et, pour l'ordinaire, de granits, où l'on ne rencontre point de corps marins.

Les montagnes secondaires, qui sont en plus grand nombre, ont été formées par le bouleversement du déluge universel, par les tremblements de terre, l'éruption des volcans, le débordement des rivières et des mers, la violence des ouragans qui ont pu accumuler en mille et mille manières sur la surface du globe, des substances de toute espèce, d'où se sont formées de nouvelles éminences. Ces montagnes renferment dans leurs diverses couches les dépouilles d'animaux et de végétaux terrestres pétrifiés, des entassements de sables, de grès, de cailloux, etc.; ce qui indique le secret de leur origine.

Les plus hautes montagnes de la terre sont les Cordillères, en Amérique, qui ont plus de six mille mètres d'élévation au-dessus de la mer du Sud; le mont Blanc, en Savoie, qui a près de cinq mille mètres au-dessus de la Méditerranée; le pic de Ténériffe, si renommé par sa hauteur, n'a guère que deux mille mètres. La cime de ces masses énormes, près desquelles nos autres montagnes ne sont que des collines ou des monticules, est placée beaucoup au-dessus de la région où d'ordinaire se forment les nuages, et le voyageur, après avoir gravi leur sommet, placé pour ainsi dire entre le ciel et la terre, dans un jour pur et serein pour lui, voit sous ses pieds d'affreuses nuées, tour à tour enflammées et ténébreuses, darder au loin et la grêle et la foudre sur les campagnes inférieures.

La température des montagnes est d'autant moins chaude, qu'elles ont plus de hauteur. Sur leur sommet, même dans la zone torride et sous la ligne, règne constamment, pendant les plus grandes chaleurs de l'été, un froid beaucoup plus rigoureux que celui de nos plus rudes hivers. Sur les hautes montagnes du Pérou, qui sont une portion des Cordillères, existe, depuis le commencement des temps, une zone permanente de neiges et de glaces, qui a quelquefois jusqu'à deux à trois mille mètres de largeur, dont le terme inférieur, où commence la nature végétante et vivante, est peu variable, et dont le terme supérieur, fixe et constant, est le sommet de ces montagnes.

Mais quel peut être le but de cet immense appareil? Ne serait-il pas plus avantageux pour notre globe que sa surface fût plus égale, et que tant d'énormes masses ne la défigurassent point? La terre serait plus régulière; la vue s'étendrait plus au loin; nous voyagerions plus commodément; nous jouirions enfin de mille autres avantages. Réfléchissons sur les nombreux avantages des élévations des montagnes, et, au lieu de blâmer, nous bénirons la divine Providence de cet arrangement du globe.

D'abord, il est manifeste que les montagnes et les collines ont été principalement destinées à entretenir et à perpétuer les diverses sources qui forment les rivières et les fleuves. Cette froidure qui règne éternellement sur la partie supérieure des hautes montagnes, contribue à condenser les vapeurs, à les convertir en neige, à les ménager avec économie pour rafraîchir et désaltérer la terre, pendant les ardeurs brûlantes de l'été. Leur surface attire, arrête, absorbe les nuages qui sont portés en différents sens dans l'atmosphère par les vents. Les espaces qui séparent leurs pointes sont comme des bassins préparés pour recevoir les brouillards épaissis, les nuées précipitées en pluie ou en neige. Leurs entrailles sont autant de réservoirs d'où les eaux s'échappent peu à peu par une infinité de petites ouvertures pour féconder nos plaines, abreuver l'homme et les animaux, former de nouveaux nuages par les évaporations, et réparer les pertes de la mer en se portant de toutes parts dans son sein, tantôt en petites rivières, tantôt en fleuves immenses.

Les montagnes sont la demeure de plusieurs espèces d'animaux auxquels, sans qu'il nous en coûte la moindre peine, elles fournissent l'entretien et la subsistance; sur leurs flancs croissent des arbres et un nombre infini de plantes salutaires, qu'on ne cultive pas avec le même succès dans les plaines, ou qui n'y ont pas les mêmes vertus.

Les montagnes mettent certaines contrées à l'abri des vents froids et piquants. Nous leur devons les vignes les plus exquises, et leur sein renferme les pierres les plus précieuses, des carrières d'ardoises, de charbon, des mines d'or, d'argent, de plomb; elles sont, pour ainsi dire, les boulevards de la nature pour garantir le pays de la fureur des mers et des tempêtes, et comme des remparts et des fortifications naturelles; elles sont les bornes de différents Etats et en défendent plusieurs contre les invasions de l'ennemi et l'ambition des conquérants. Elles maintiennent peut-être l'équilibre de notre globe; et à ne les envisager que du côté de l'agrément, ce sont des espèces d'amphithéâtres qui nous procurent les perspectives les plus riantes et qui donnent aux maisons et même à des villes entières la plus intéressante position.

Il n'est pas jusqu'aux montagnes dont les secousses terribles, les tremblements de terre et les volcans répandent autour d'eux l'incendie, la destruction et la mort, qui ne soient vraiment utiles. Car il faut considérer que le soufre, le salpêtre et autres minéraux, contribuant beaucoup à la fertilité des terres, et étant même nécessaires à la vie et à l'humectation de toutes sortes de plantes, il fallait qu'il y eût une espèce de magasin universel où ces matériaux fussent déposés, pour être ensuite distribués, par l'air et par les vents, sur toute la surface de la terre.

C'est dans le sein des montagnes que se trouvent ces

profondes, cavernes qui sont comme les réservoirs où se rassemblent les eaux qui se distribuent sur la terre pour l'humecter, quand celles de la pluie viennent à manquer. Ces cavités permettent à l'air de pénétrer dans l'intérieur des montagnes; elles donnent une issue aux exhalaisons. Combien d'animaux périraient si les cavernes des montagnes ne leur servaient pendant l'hiver d'asile et de retraite! Sans elles, nous serions privés de plusieurs productions qui ne peuvent se former ou parvenir à leur perfection que dans les cavités.

Enfin, c'est sur les montagnes que se trouvent plantées et entretenues par les mains de la nature ces immenses et magnifiques forêts qui nous fournissent des bois de toute espèce pour nos charpentes, nos vaisseaux, nos meubles, notre chauffage et une infinité d'usages; ces forêts, qui sont une des grandes beautés de notre globe, purifient l'air, nous donnent un frais ombrage, embellissent la nature et y répandent une agréable variété; elles abritent et entretiennent une foule d'animaux utiles à notre existence.

Une des merveilles les plus remarquables et les plus utiles que nous présentent les montagnes, ce sont les glaciers éternels qui couvrent soit leurs sommités, soit leurs pentes, soit enfin leurs hautes vallées. L'épaisseur ou la profondeur de ces amas de glaces est de vingt-cinq à trente mètres, quelquefois même de deux cents mètres et plus. On conçoit qu'il doit s'accumuler sur ces hautes montagnes une immense quantité de neige, puisque, pendant neuf mois de l'année, toute l'eau qui, dans les régions inférieures, tombe sous la forme de pluie, ne tombe sur ces hautes sommités que sous la forme de neige. Ces amas prodigieux de neiges demeurent là, presque sans aucun changement, jusqu'à ce que la chaleur du soleil et les vents chauds de l'été tempèrent le froid naturel à ces régions élevées, et résolvent une partie de ces neiges, car elles ne peuvent jamais se fondre entièrement ; ce sont ces restes qui, abreuvés des eaux des pluies et des neiges fondues, se gèlent pendant l'hiver et forment ces glaces poreuses dont les glaciers sont composés.

Mais si, chaque année, de nouvelles couches de neige et de glace s'ajoutent aux précédentes, ces glaciers devraient avoir une épaisseur et une étendue incalculables? Le sage auteur de la nature a mis des bornes à cet accroissement de glaces. Le soleil, les pluies, les vents chauds travaillent pendant l'été à les détruire ; et l'évaporation, dont l'action sur la glace, et plus encore sur la neige, est très-considérable, principalement dans un air raréfié, dissipe en tous temps une quantité considérable de ces matières. Deux autres causes contrarient ces accroissements annuels de neiges et de glaces : c'est d'abord la chaleur intérieure de la terre qui les fait fondre, même pendant les froids rigoureux ; c'est ensuite leur pesanteur qui les entraîne dans les basses vallées où la chaleur de l'été est assez forte pour les fondre. Ainsi les glaciers, contenus dans de justes limites par ces différentes causes, fournissent une nouvelle preuve de ces proportions admirables que le Maître du monde a établies entre les forces génératrices et les forces destructives, partout où il a voulu entretenir une certaine uniformité. Partout brille l'action d'une sage et maternelle Providence ; partout se lit cette grande vérité : qu'il n'est rien d'inutile dans la nature, rien de trop, rien qui n'y soit avantageux à l'univers.

LA NUIT.

—

La nuit n'est rien. Elle n'est que l'interruption du mouvement de la lumière vers nos yeux. Mais le néant même n'est point stérile dans les mains de Dieu. Comme il tire sa gloire d'en avoir fait sortir tous les êtres, chaque jour il en tire en faveur de l'homme, non des êtres nouveaux, mais des instructions salutaires et des bienfaits.

D'abord, la nuit procure à tous les êtres animés un doux et indispensable repos. L'homme est né pour le travail, c'est sa vocation et son état. Pour suffire à ce travail, il faut que son sang lui fournisse sans cesse une matière infiniment déliée et agile qui mette en jeu les ressorts du cerveau et les différents muscles du corps. Mais la dissipation qui se fait perpétuellement de cette matière, si prompte à exécuter toutes ses volontés, le jetterait enfin dans la langueur et dans l'épuisement, s'il ne réparait ses forces par de nouveaux aliments. Or, ces aliments ne pourraient ni se digérer, ni se distribuer régulièrement dans tous les corps, s'il était toujours en action. Il faut qu'il interrompe le travail de la tête et celui des bras ou des pieds, afin que la chaleur et les esprits qui se répandraient dans le dehors ne soient plus employés qu'à aider les fonctions de l'estomac, pendant l'inaction des autres parties du corps. Sans le repos, nous péririons bien vite, et c'est la nuit qui nous procure le repos. Combien d'ouvriers qui, durant le jour consumant leurs forces dans un travail pénible et néanmoins nécessaire, bénissent la nuit qui vient suspendre leurs travaux en leur apportant le soulagement et le repos !

Nous-mêmes, bénissons Dieu de n'avoir pas abandonné l'usage et la disposition de ce repos nécessaire à notre capricieuse et vacillante raison. Ce bon Père prend soin lui-même d'assoupir son enfant. Il lui a fait du sommeil une agréable nécessité, sans lui en donner ni l'intelligence, ni le gouvernement. Le sommeil est un état incompréhensible; l'homme en conçoit si peu la nature, qu'il ne lui est ni possible de se donner le sommeil quand il le refuse, ni de le refuser quand il s'empare de lui. Dieu s'est réservé à lui seul la dispensation de ce repos, dont il savait que le raisonnement humain règlerait mal et le temps et la mesure.

Mais si nous ne comprenons pas la nature du sommeil, oh! comme nous en sentons le bienfait! Il suspend les soucis d'une foule de malheureux, ainsi que le dur sentiment de leur misère. Pour être heureux alors, il ne faut qu'un lit; le sommeil y ferme les paupières de l'indigent, et tous ses besoins sont satisfaits. Le sommeil égale le mendiant au monarque, tous deux y trouvent un bien qu'on ne saurait se procurer à prix d'argent. Or, c'est la nuit que Dieu a choisie pour être la messagère de ce bienfait universel.

Voyez avec quelle précaution et quel respect elle s'acquitte de son intéressante mission ! Elle ne vient pas éteindre brusquement le flambeau du jour et nous dérober tout d'un coup la vue des objets dont nous sommes occupés. Loin de nous surprendre au milieu de nos travaux et de nos voyages, elle s'avance à pas lents. Ce n'est qu'après nous avoir avertis de la nécessité de prendre notre repos, qu'elle achève enfin d'obscurcir la nature. Elle ôte à l'homme le spectacle de l'univers pour lui ôter l'usage de ses sens; ensuite elle abaisse un voile sur nos yeux en fermant nos paupières. Durant tout le temps que l'homme repose, elle veille avec complaisance pour assurer sa tranquillité. Non-seulement elle éteint toutes les lumières éclatantes, elle suspend encore le bruit et toutes les impressions trop vives; elle impose silence à tout ce qui l'environne; elle tient le cheval, le bœuf, et tous ses autres domestiques, assoupis autour de lui.

Un seul bruit n'est point interrompu : c'est celui de l'horloge qui marque l'heure; car il est bon que l'homme qui se réveille, songe à la dernière.

Ce n'est pas tout; elle disperse les oiseaux dans leurs différentes retraites, elle fait taire peu à peu les vents qui troublent l'air, et pendant plusieurs heures il règne dans la nature un calme universel. Ainsi, on le voit, la nuit est chargée d'assurer le repos au roi de la nature et de faire respecter son sommeil. Dans ces aimables attentions de la Providence, comment ne pas reconnaître les soins d'une mère tendre qui, pour endormir son petit enfant, éloigne le bruit et les grandes lumières du lieu où elle a placé son berceau ?

Sans la nuit, nous péririons non-seulement de fatigue, mais de faim. Si le soleil demeurait toujours sur notre horizon, il brûlerait sur la terre tout ce qu'il y fait naître. Mais la nuit, en succédant au jour, apporte avec elle une fraîcheur qui, en resserrant partout le ressort de l'air, le met en état d'agir ensuite avec plus d'activité dans tous les corps, et de rendre une vigueur toute nouvelle tant à la terre desséchée qu'à la verdure altérée et aux animaux affaiblis. Dans sa main bienfaisante, elle nous apporte encore la rosée, qui non-seulement réjouit notre vue, lorsqu'au matin, toutes ces gouttes belles et pures étincellent comme des rubis aux premiers rayons du soleil, mais encore qui tient lieu de pluie pendant longtemps et conserve ainsi les fleurs, les blés et les plantes. Sans la nuit, nous serions privés des richesses si utiles des peuples séparés de nous par de vastes mers, car l'astronomie n'aurait jamais pu faire les savants calculs d'où dépend la navigation.

Ce n'est pas tout encore. Sans la nuit, les hommes obligés de voyager ou de travailler à la campagne, seraient continuellement exposés aux bêtes sauvages. Pendant le jour, la Providence retient ces bêtes dans les forêts et dans les cavernes; mais si le jour était continuel, la faim les forcerait à sortir de leurs retraites, et elles se jetteraient sur les hommes, plus faibles et moins prompts à la course que la plupart d'entre elles. En donnant des bornes au jour et en lui faisant succéder la nuit, Dieu a mis les hommes en sûreté et les bêtes en liberté. L'horreur naturelle que les hommes ont pour les ténèbres les oblige de retourner dans leurs maisons pendant la nuit, et la crainte naturelle que les bêtes ont pour la lumière les retient dans leurs tanières pendant le jour. Lorsque l'homme est arrivé chez lui, elles sortent de leurs cavernes; elles n'ont la permission de chercher leur proie que lorsque la main du Seigneur a mis l'homme en sûreté.

Lorsque la nuit est complète et qu'il n'y a plus personne dans la campagne, on entend les rugissements des lions et les hurlements des loups, qui apprennent à l'homme quel est le maître qui veille sur lui pendant le jour. Mais dès que le soleil paraît, toutes les bêtes ennemies de l'homme se hâtent de lui laisser la place libre ; un pasteur invisible les chasse dans les bois avec sa houlette ; il semble alors que tous ces animaux aient changé de nature, tant ils sont paisibles. Ils dorment ou ils sont aussi tranquilles que dans le sommeil ; une puissance supérieure les tient enchaînés, et à moins qu'on ne s'approche imprudemment de leurs tanières, on n'a rien à craindre. Au contraire, dès que le soleil commence à dissiper les ténèbres de la nuit, l'homme, plein d'allégresse et de force, sent renaître en lui l'amour du travail ; sa maison lui paraît triste et sombre ; la campagne, au contraire, pleine d'attraits. Heureux s'il sait reconnaître dans ce bel ordre la main paternelle qui règle tout pour son bien !

L'utilité des nuits n'est pas restreinte au monde physique ; en les créant, Dieu avait en vue les êtres doués d'intelligence, qui entraient si essentiellement dans le plan de la création ; et elles sont pour l'homme un bienfait dans l'ordre moral. La nuit est pour l'homme une école de sagesse ; en nous ôtant la vue et l'usage de la nature, elle nous rappelle à ce néant duquel nous sommes sortis, ou nous remet dans cet état de ténèbres et d'imperfection qui a précédé la création de la lumière. La nuit qui, dans un sens, anéantit pour nous tout l'univers, nous fait mieux connaître le prix inestimable du jour.

Pour sentir l'utilité morale des nuits, ne suffirait-il pas de se rappeler qu'elles interrompent le cours de la plupart des vices, au moins de ceux qui sont les plus funestes à la société? En forçant assez généralement le scélérat à prendre du repos, les ténèbres procurent quelques heures de soulagement à la vertu opprimée; l'homme injuste cesse alors plus communément de tourmenter les malheureux, et mille désordres se trouvent arrêtés. Hélas! à quel point effrayant ne se multiplieraient pas les crimes en tout genre, si les hommes pouvaient veiller le double des heures qu'ils veillent maintenant!

D'un autre côté, s'il n'existait point de nuits, de combien d'instructions salutaires, de quels ravissants plaisirs ne serions-nous pas privés! Les merveilles qu'offre à nos yeux le ciel étoilé seraient perdues pour nous. Chaque nuit, en nous manifestant dans les corps lumineux, attachés au firmament, la grandeur de l'Être suprême, nous porte à élever notre cœur vers lui, et nous fait d'autant plus vivement sentir notre néant. Si chaque occasion qui rappelle Dieu à notre esprit doit nous être précieuse, combien ne devons-nous pas aimer la nuit qui nous prêche d'une manière si énergique les perfections du Créateur!

La nuit, en général, est un temps favorable pour l'homme qui aime à méditer et à réfléchir sur lui-même. Le tumulte et la dissipation auxquels d'ordinaire on se livre pendant le jour, ne laissent que peu de loisir pour le recueillement. Comment, au milieu des embarras et des soins qui se succèdent, apprendre à se détacher de la terre et à s'occuper sérieusement de ses devoirs, de sa destination! La vertu, aussi délicate qu'elle est belle, se mêle rarement dans la foule, sans que sa constitution tendre et fragile en souffre. La présence du vice agit sur nous avec une force que peu d'hommes ont le courage de repousser. Mais la tranquillité de la nuit nous rappelle à de salutaires occupations, elle nous les rend faciles; nous pouvons alors, sans crainte d'être interrompus, rentrer dans notre cœur et acquérir cette science si importante, si nécessaire, la connaissance de nous-même. L'âme peut recueillir ses forces et les diriger vers les objets qui se rapportent à son bonheur éternel; elle peut effacer les dangereuses impressions qu'elle a reçues dans le commerce du monde, se prémunir contre ses attraits, ses exemples corrupteurs. C'est le moment de méditer sur la mort et sur les grandes suites qu'elle doit avoir. La solitude du cabinet favorise les pensées religieuses et nous inspire le désir de nous en occuper toujours davantage. Dans la nuit, l'homme de bien croit sentir la présence de Dieu; l'athée en soupçonne malgré lui l'existence.

FIN.

TABLE.

FIN DE LA TABLE.

Rouen. — Imprimerie MÉGARD et Ce, rue Saint-Hilaire, 136.

www.ingramcontent.com/pod-product-compliance
Ingram Content Group UK Ltd.
Pitfield, Milton Keynes, MK11 3LW, UK
UKHW012218240726
13966UKWH00003B/833

9 782011 930118